高校骨干日语教师成长的叙事探究

赵志丽◎著

中国纺织出版社有限公司

图书在版编目（CIP）数据

高校骨干日语教师成长的叙事探究 / 赵志丽著 .

北京 : 中国纺织出版社有限公司 , 2025. 1. -- ISBN
978-7-5229-1972-0

Ⅰ . H369

中国国家版本馆 CIP 数据核字第 202415NF37 号

责任编辑：房丽娜　　　责任校对：王花妮　　　责任印制：储志伟

中国纺织出版社有限公司出版发行

地址：北京市朝阳区百子湾东里 A407 号楼　邮政编码：100124

销售电话：010—67004422　传真：010—87155801

http://www.c-textilep.com

中国纺织出版社天猫旗舰店

官方微博 http://weibo.com/2119887771

天津千鹤文化传播有限公司印刷　各地新华书店经销

2025 年 1 月第 1 版第 1 次印刷

开本：710×1000　1/16　印张：9.75

字数：200 千字　定价：98.00 元

凡购本书，如有缺页、倒页、脱页，由本社图书营销中心调换

作者简介

━━━━━━━━━━

赵志丽 ，女，41 岁，博士学位。于 2021 年毕业于日本城西国际大学，师从日本著名教育学家冈崎眸教授，专注于日本语教育方向，研究课题为教师发展。现供职于大连海洋大学外国语与国际教育学院。

前　言

　　教师是教育高质量发展的第一资源。自党的十八大以来，教师工作被高度重视，教师队伍建设也占据了重要的战略地位。教师发展这一课题已成为研究热点，关于教师发展的研究日益丰富。本书便是关于高校骨干日语教师成长的研究。

　　作为一名高校骨干日语教师，笔者多年来辛勤耕耘在教育工作的第一线，对教师的生存现状及面临的困境有着深入的了解和切身的体会。新人教师所面临的问题多为教学专业性问题，而骨干教师面临的问题则更具特殊性和复杂性。例如，作为中坚力量背负的责任与期待远远高于新人教师，同时需要平衡生活与事业。但迄今为止，教师发展研究的主流仍专注于教师发展的普遍性、一般性问题的研究。针对骨干教师的发展困境的研究仍然较少。

　　本书采用了叙事探究的研究方法，以杨及笔者为研究对象，对她们的生存现状、发展困境，以及如何克服困难进行了细致的探究和描绘。首先是杨的故事，杨作为一名高校日语教师，在工作中兢兢业业，但如何平衡好生活与事业的重心又是一个新的课题。如何既做一个好老师，又能有更多精力处理自己的生活，这对于杨的成长来说至关重要。笔者与杨同为博士研究课程的一员，通过访谈、搜集杨在课后写的回顾文等方法来搜集数据。通过反复阅读，抽丝剥茧，找到杨陷入困境的原因，并挖掘杨是如何自我觉醒的，同时了解到杨为克服问题所做的努力。对杨的成长路程进行探究，并就探究后得出的结论与杨共同探讨，以得出更为准确的结论并使探究更为深入。在梳理杨的故事的过程中，笔者也加入了个人的经验及思考，因此笔者也是这个研究的参加者之一，这本书中也包括了笔者的经验及思考。

　　本书在写作过程中得到了老师、同学、家人的大力支持与帮助。感谢我的导师冈崎眸教授、陈岩教授、野野口教授。在本书的写作过程中三位导师给予了我

莫大的帮助。同时，也感谢我在博士研究课程的同学们，她们对本书的写作提供了很多帮助和支持。特别要感谢我的研究对象杨和小香，感谢她们的无私奉献和合作，这本书才得以顺利写成。

赵志丽

2024 年 8 月

目　录

第1章　序論

1.1　問題の所在：中堅大学日本語教師の直面している問題と従来の教師成長についての見方との矛盾

1.1.1　中堅大学日本語教師の直面している問題

（1）本研究の研究関心につながる私の経験

　何故、筆者（以下では、筆者の代わりに、ナラティブ的探求の領域で用語として定着している一人称の私を使う）は中堅大学日本語教師の成長について研究をするのか。それは研究者としての私の関心につながっている。

　私は大学から大学院まで、日本語という言語を専門として勉強した。2008年、大学院修了の直前に、中国東北地方のある大学に日本語教師の職があることを聞いた。その時の私は、大学教師の仕事は楽して、私的な時間も十分持てると思っていた。そこで、私はその大学の面接を受けた。そして、一人の日本語教師になった。教職に就いてから、大学時代の先生を真似して、日本語を教えてきた。最初の数年は、私の厳しい管理の下で学生は一応良い成績を取り、私の新人教師としての評判はよいものであった。しかし、何年か経った頃、教え子の中に日本語で生きる人が多くはないことに気づいた。「自分は学生にきれいな日本語を身に付けさせるため、一生懸命に頑張っているが、それは、実際に学生にとって意味のあることだろうか」という疑いが生まれた。学生の将来に何か役に立ちたいと思って厳しい日本語指導をしているが、少なくない学生にとってそれは無意味なことであると思われ、教師としての自分に無力感を感じるようになっていった。

　他方、大学教師の仕事内容は想像していたより複雑で、教師としての私には

学習指導に限らず、教材研究や論文発表などの研究、業績も求められている。また、教室では学生の学習意欲の減退をはじめ、様々な問題が起きていた。こうした様々な要求や複雑な問題に対して、私は満足できる対応ができない場合が少なくなかった。

10年ほどの教育経験を重ね、一応中堅教師の域に入ったが、現場でぶつかる問題は日々複雑さを増し、直面している問題も深刻になっていった。問題への対応が満足にできない私はコンプレックスを感じ、ストレスも溜まる一方であった。それでも、教師として日本語を継続して教えていきたいと考えた私は、教師としての成長を求め、積極的に教師研修に参加した。様々の教師研修に参加したが、主に日本語知識の蓄積や教授法の熟練に重点が置かれる研修会は私にとって満足できるものではなく、研修会参加後は常に不全感が残った。しかし、何故、満足できないのか、その正体が私には分からなかった。そんな中で、私は教師としての成長を求めて、日本の楓大学（仮名）の博士コースに進学することにした。

（2）中堅教師の現状

楓大学には中国の大学で日本語教育に携わっている現職教師向けの博士コースが設置されている。この博士課程には複数のドクターゼミがある。その一つのゼミ（以下では「Dゼミ」と呼ぶ）で私は、現職のまま来日して博士コースに所属する数多くの大学日本語教師に出会った。そして、学生や担当教師の「語り」（ゼミ中のゼミ生同士あるいはゼミ生と先生の議論、ゼミ後の振り返りの記述など）を中心とする「Dゼミ」への参加を通して、十年余りの教育経験を持っている中堅大学日本語教師たちが直面する課題を数多く聞いた。それらの「語り」から、教師たちが直面する課題は、教師としてのいわば発達段階に応じて違うことが分かった。新人教師のステージにおいては、「記憶に残り、理解を促す板書の方法」「フラッシュカードの最も効果的な使い方」「わかりやすい文型の説明」など、教師の専門性に関わる問題に悩まされる。他方、教師経験を重ねることで、それらを一定クリアし、もはやルーティンとなった段階の中堅教師のステージに入ると、授業はいい意味でも悪い意味でもパターン化される。したがって、専門性の問題というより、「論文の書き方が分からず、研究業績があげられない」「今の授業に疑問を感じ、教育のパラダイムを転換し

たい」「仕事と生活の両立が難しい」など、直面する問題は、教室の外に拡張したり、あるいは、教師個々の違いが際立ってくることが分かった。すなわち、私もその一人である中堅大学日本語教師にとっては、専門性の問題だけが直面する問題ではなく、専門性の向上に特化した教師研修によっては中堅教師の成長を支援することにはならないと言える。

　他方、中国における大学日本語教育に目を転じると、近年、日本語学習者数の増加や学習ニーズの多様化を背景として、大きな転換期を迎えたことが分かる。まず、言語能力の養成を目標とした従来の日本語教育の限界が徐々に顕著になり、日本語教育の目標を日本語能力の育成からコミュニケーション能力の育成への転換が提唱された（修 2011）。次に、中国における日系企業の地盤沈下に伴う就職事情の変化に対応して、日本語専攻生の競争力を高めるためとして、「複合型日本語人材」の育成が目標とされるようになった（王 2019）。「ダブルメジャー」や「専攻併設型」、「双外国語型」、「副専攻型」などが大学日本語教育に導入され、カリキュラムの改革や従来と異なる新たな教育方法の導入などの教育改革が政府主導で進められてきた。

　このような教育改革を現場で実現するのは教師である。いくら素晴らしい改革案が提案されても、それだけでは絵定事に過ぎない。それゆえ、教育現場で教育実践に携わる教師の役割は従来以上に重視されるようになった。2001 年には、教育部から教育の質を向上するために提言す文書「大学の教育の質を全面的に向上させることに関する若干意見」が公布され、大規模な大学評価制度も導入された。2018 年に「外国語言語学教学質量国家基準」が公布され、外国語教師の必須資質として以下の項目が提示された（日本語訳は筆者による）。

　①外国語専門教師は博士号を有すること。②豊富な専門知識を持ち、外国語教育に関する理論や方法を熟知し、教育学や心理学の知識も持っていること。③優れた外国語運用能力、授業デザイン能力や運営能力、また教室という場の管理能力を有すること。現代教育技術の運用能力、教学に対する反省や改革の能力を有すること。④研究方向が明確で、研究能力を有すること。

　日本語教師を含む大学外国語教師に対する要求が高度化・具体化・細分化され、個別言語の専門知識や言語の理論、教育方法のほか、変革に伴う新たな知識や能力も求められている。また、激しく変化する教育現場への教育面におけ

る対応にとどまらず、加えて研究業績も求められている。教師を取り巻く環境が一層厳しくなったことが窺える。そして、その激しい変革において、中堅教師には、教師集団の中核となって、この改革に積極的にコミットし、チーム目標の達成を主導する役割が期待されている。そのような重荷が加重される中で、中堅教師が直面している問題や課題はその深刻度を増していると言える。

　以上述べたように、まず、新人教師がぶつかる問題と教育経験を重ねた中堅教師、あるいはさらにベテランの域に入ったベテラン教師が直面する課題は同じではなく、教員としての発達段階に応じて、直面する発達課題は違っている。次に、中堅教師に焦点を絞ると、彼らは多くが子育て中であり、いわゆるワーク・ライフバランスに直面する。同時に、近年、政府主導で大々的に進められている外国語教育改革の中核としての活躍も期待されている。その改革では、教育業績のみならず、研究業績も重視され、外国語教師に関わる負担は重くなる一方である。

　教師は、それぞれの発達段階においてその発達段階固有の発達課題に直面し、それをクリアしていくことで教師としての成長を成し遂げると考えるとすれば、教師の成長を論じる場合、発達課題の違いを踏まえた議論が必要であろう。ところが、従来、このような発達課題の違いに焦点があてられることは少なく、もっぱら、教師の専門性の発達という一つの観点から論じられてきたと考える。次節では、教師の成長を促し支える点で最も重要な役割を果たすことが期待される教師研修の現状を見ることにする。特に、革新的だとして高く評価されている「全国大学日本語教師研修会」を取り上げ検討することにする。

1.1.2　中堅大学日本語教師の成長を支えきれない教師研修

　中国大学教育における日本語教師研修は、「教師トレーニング型」[①] から「教師成長型」[②] に転換したと言われている（冷2019）。このような目覚ましい発展を遂げている大学日本語教師研修は具体的にどのように行われているか、中堅大学日本語教師の成長をどのように支えているかという問いの下に、私は2006

[①]　第3章において「教師トレーニング型教育」を巡って説明する。

[②]　第3章において「教師成長型教育」を巡って説明する。

年から実施され始め、日本語教師研修分野で広く注目されている「全国大学日本語教師研修会」を例に挙げ、論じることにする。

　冷は中国で行わる大学日本語教師向けの研修の現状を探るため、2006 年、2013 年、2019 年の全国大学日本語研修会の研修デザインを取り上げて、分析した。本研究はそれぞれの回の研修デザインを日本語に翻訳し、表 1-1 として示す。

表 1-1　全国大学日本語教師研修会のデザインの推移（冷 2019:46-47）

2006 年第 1 回の研修デザイン	講演：日中間学術分野の協力 日中文化論 講演：マルチメディア教材 講演：大学日本語課程要求 講演：日系企業が求めている人材 学術論文の書き方 第二外国語としての日本語教育とコミュニケーション能力養成 文化鑑賞：茶道

2013 年第 8 回の研修デザイン	研修のテーマ：どう読むか、どう書くか、どう教えるか 講演：翻訳の文章について 講演：日本語科中学年大学生対象とした文章表現と指導法について 講演：日本語作文授業の教育目標とあり方について 講演：中国人日本語学習者の作文に見る接続表現 講演：総合教科書における文章表現教育 講演：文章理解能力の伸ばし方と評価 パネルディスカッション 総合日本語ワークショップ 講演：私の日本語教育研究 講演：論文の書き方 講演：文章表現—「読む」を中心に 講演：能力・教室・教材
2019 年第 13 回の研修デザイン	研修のテーマ：聴解授業で何を学ぶか、どう教えるか、どう学ぶか 基調講演 1：聴解ストラテジー重視の教材開発 基調講演 2：新しい聴解教育の設計と実践 国際交流基金・大学教育出版社紹介 特別講演 1：ルーブリック評価—JF 日本語教育スタンダードを使って 実践報告 1：大学聴解授業のデザインと実践—「基礎日本語聴解教科書」を中心に 実践報告 2：聴解と総合能力の関係について—「基礎日本語シリーズ教科書」の授業デザイン ワークショップ 1 ワークショップ 2

　全国大学日本語教師研修会は国際交流基金北京日本語文化センターと大学教育出版社などが協力して実施している全中国レベルの大規模な研修会である。日本語教育研究の動向や日本語教育方法の検討、教育経験についての交流、日本文化に関する情報の交換などが研修の目的とされている（池田・朱 2017）。このような研修目的から、全国大学日本語教師研修会は教師の専門性の発展を中心に据えて研修会が行われることが窺える。したがって、このような教師研修が教師の成長とした場合、中堅大学日本語教師が直面している課題の一部にしか対応できないという限界のあることが推察される。

　次に、具体的な研修デザインを見てみると、2006 年第 1 回の研修は主に講演の形で行われ、研修全体を統一するテーマのようなものは見られない。「大学日本語課程要求」「日系企業が求めている人材」などの講演テーマからは、専門家としての研修会の講師から、参加した研修生への情報の伝達が一回目の研修会の目的であったことが分かる。言い換えれば、この第 1 回研修会は教師「トレーニング」型教育から脱出し切れていなかった。しかし、2013 年の第 8 回の研修になると、特定の研修テーマを持つようになり、形は講演が主流ではあるが、ワークショップ、パネルディスカッションなども行われていた。テーマからみると、「翻訳の文章について」「論文の書き方」として専門家による理論上の指導があり、「能力・教室・教材」という教育実践向けの検討もなされていた。研修の課題は理論の検討や知識の補充に留まらず、実践研究も視野に入っていた。つまり、この研修は教師「トレニーグ」型から脱出したと言える。2019 年になると、研修デザインにはさらなる変化が見られた。特定の研究テーマをめぐって、基調講演、特別講演、ワークショップ、実践報告という多様な形が取り入れられた。研修デザインから、理論の検討や知識、教授法の伝授に関するテーマが見られなくなり、教育実践に基づく教材の開発や授業デザインが検討の中心になった。ワークショップの導入により、受講生が客体として、知識や技術の伝授を専門家から受けるという受け身の立場ではなくなったことが分かる。教育実践を通して、教師たちはそれぞれの現場に適合する教材や教授法を開発することを目指す。このような研修は、教育実践の改善にとって大きく貢献することが期待されている。

　他方、研修のテーマや内容は主催側や専門家により指定され、研修会のゴールが専門知識の獲得や教授法の開発に限定されていることを限界として挙げる

ことができる。専門性の発達こそが教師成長のポイントだという捉え方が前提とされているからである。前節で述べたように、教師が直面している課題は教師としての発達の各段階において違いがあり、互いに重なりはあるとしても同一とは言えないのである。特に、専門性の向上という一言で教師の直面する課題を総括することはできないことを前節で詳しく論じた。そして、本研究が考察の対象とする中堅大学日本語教師が直面している発達課題は、ワーク・ライフバランス、教育改革の中核を期待されるなど、多岐にわたると同時に、教師個々における違いも拡大している。そして、中堅大学日本語教師の成長という問題がさらに深刻なのは、「成長型」教師研修として高く評価されている上記の研修会においても、研修デザインから見る限り、この問題に焦点が当てられていないことである。

1.2　研究の目的

　以上、「成長型」教師研修として高く評価されている教師研修会も、中堅大学日本語教師にとって、教師としての成長を全面的に支援する機会とはなっておらず、成長を求める中堅大学日本語教師たちが厳しい現状に置かれていることを見た。しかしながら、多くの中堅大学日本語教師たちが職場に留まって直面する課題に取り組み、一人ひとりの方法で課題をクリアし、教師としての成長を勝ち取っていると考えられる。そこで、私の問いは、「それは、何故、どのようにして、達成されているのか」である。したがって、本研究は、中堅大学日本語教師は、どのような課題に直面し、その課題をどのように克服し、教師としての成長を達成しているのかを明らかにすることを目的とする。その際、私自身が中堅大学日本語教師の一人であることを踏まえ、私自身も研究参加者とみなす「ナラティブ的探究」という研究手法を援用し、個々の教師の成長に着目する質的な研究を行うこととする。

1.3　本研究の構成

　本研究は 7 章から構成されている。

　第 1 章では、まず、中堅大学日本語教師は、政府主導の教育改革のリーダー的役割を期待される一方で、教育業績に加えて研究業績が重視され、ワーク・ライフバランスが取れず、仕事と家庭の両立が困難になるといった課題に直面していることを述べた。しかしながら、そうした中堅大学日本語教師の課題を直視し、その解決に向かう教師たちの取り組みを促し支える役割を教師研修が十分に果たしているとは言えない現状を見た。特に、教師「成長型」の教師研修として高く評価されている全国大学日本語教師研修会においても中堅大学日本語教師に焦点を当てた研修は提供されておらず、教師の成長が、専門性の向上という一点から論じられている限界を指摘した。

　以上の問題を踏まえて、本研究の目的を示した。具体的には、中堅大学日本語教師の成長を支える教師研修の構築を目指し、本研究では、中堅大学日本語教師が、どのような課題に直面し、その課題をどのように克服し、教師としての成長を達成しているのかを明らかにすることを目的とすることを述べた。さらに、中堅大学日本語教師の一人である私自身も研究の参加者とみなす「ナラティブ的探究」という研究手法を援用し、個々の教師の成長に着目する質的な研究とすることを述べた。

　第 2 章では、本研究の個人的出発点を明らかにするために、私が育った家庭教育と育った社会環境、学校教育における日本語学びの経験、日本語の教育経験と研究者として出発するにあたって遭遇した持続可能性日本語教育の四つを詳しく述べる。

　第 3 章では、本研究の理論的出発点について述べる。まず、本研究の研究関心と深い関連を持っている教師教育研究のパラダイムの転換と日本語教育における教師成長アプローチの発展を概観する。続いて、持続可能性日本語教育が依拠する言語生態学を理論的枠組みとする教師教育の先行研究として、楚（2020）の実践研究を紹介し、本研究の持続可能性日本語教育における中堅大学日本語教師の成長に着目する理由を述べる。次に、研究方法の「ナラティブ的探究」を取る理由と特徴を論じ、そして、日本語教育の領域の研究に本格的に「ナラティブ的探究」を援用した李（2003, 2004）の研究を典型的例として取り上げて、検討する。以上の先行研究を踏まえて、本研究の課題を明確化する。

　第4章では、持続可能性日本語教育における教師の成長を検討するため、持続可能性日本語教育の理論的基盤である言語生態学を論じる。言語生態学の定義と研究領域を明確にし、言語生態学の基本的な見方を示す。言語生態学に基づく教師成長の理論「同行者としての教師」について議論し、言語生態学に基づく教師教育の専攻研究からの知見を踏まえて、本研究の位置づけをする。

　第5章では、研究構成・フィールドを述べる。本研究の研究課題と研究構成を明記し、本研究の調査フィールドを述べる。まず、本研究の調査フィールドである「Dゼミ」についての詳細な説明をする。次に、研究参加者のヤン及び本研究に登場する「Dゼミ」の他の参加者を紹介する。それから、データの種類とそれぞれの取集方法を説明し、最後に本研究の分析方法を述べる。

　以上の探求を通して、私はヤンさんの変化や成長の軌跡を描いた。そして、ヤンさんへの探求をしながら、研究者の私も自分の問い（中堅大学日本語教師は、どのような課題に直面し、何故、どのようにして、その課題をクリアし、教師としての成長を達成するのか。）をめぐって内省して、私の内省も研究の一部として、第5章に書く。以上の探求は、私とヤンさんの共同作業の結果である。

　第6章では、本心を言わない香ちゃんのナラティブを記述して解釈する。まず、彼女の言行不一致として捉えられる現象に対して「Dゼミ」でなされた議論を記述し、それによって引き起こされた研究者である私の内省を述べる。また、言行不一致という現象を切り口として、本心を言わない香ちゃんの実像が見えてくる過程を描く。続いて、学習者同士が共有してくれた香ちゃんのストーリーを用いて、香ちゃんと相互交渉をすると、香ちゃんが自分の本心に気づきはじめたというストーリーを記述する。さらに、本心を言わない現象の裏に隠された「逃げる姿勢」を明らかにし、学習者同士の皆と違っており、コンプレックスを感じるという問題や葛藤の実態に迫った。「Dゼミ」に参加してから、彼女が直面している問題をどのよう克服し、成長していったかを描く。また香ちゃんが、自身の個人史への意味づけの変化により、言語と言語教育への認識を変化させていったことを描く。

　以上の探求を通して、私は香ちゃんの変化や成長の軌跡を描く。そして、香ちゃんへの探求をしながら、研究者の私も自分の問い（中堅大学日本語教師は、どのような課題に直面し、何故、どのようにして、その課題をクリアし、教師

としての成長を達成するのか。）を深くかえりみて、自分の反省も研究の一部として、第 6 章に書く。以上の探求は、私と香ちゃんの共同作業の結果である。

　第 7 章では、本研究を振り返り、自分の学びや変化、成長を二つの側面から述べた。まず、研究の出発点において立てた問い、つまり「中堅大学日本語教師の成長とは何か」についての私の理解を簡単に紹介する。

　そもそも、現場にいた私は中堅教師の成長イコール知識の熟達や教授法の熟練だと思っていた。そのため様々の教師研修会に参加した。しかし、いつも不全感が残った。私は、高度な学問の修得によってはじめて局面の打開ができ、自分の教師としての成長を図ることができると考えて、楓大学の博士コースに進学した。楓大学で所属することになった「D ゼミ」では高度な学問の修得はできなかった。しかし、そこで、「持続可能な生き方を追求する言語教育」を経験し、専門知識の熟知や教授法の熟練に重点を置く教師研修よりも、「D ゼミ」のように、一人一人の教師が当事者として自分が直面している切実な課題を議論の対象とし、学習者も含めて持続可能な生き方の追求をゴールとして、議論を闘わせる場を提供する研修の方が中堅教師の成長には意義があることを私は直感した。

　本研究を通して、中堅大学日本語教師の問題は教室内の問題に限らず、教室外に拡張し、そして、教室以外の問題が中堅大学日本語教師の直面している問題の中心になる場合があることが分かった。したがって、中堅大学日本語教師の成長を考えるとき、専門性の向上に限定せず、教師活動を人間活動に統合することと考える。したがって、中堅大学日本語教師向けの教師研修では、論理・科学モードというより、ナラティブモードの思考が必要である。つまり、研修では、個々もの教師は自分の直面している問題に対して、自ら自分なりの解決法を作っていくことが大事である。さらに、本研究を通して、「秘密の物語」を話し合うことが中堅大学日本語教師の成長にとって重要であることが分かった。そこで、中堅大学日本語教師の成長にあたって、ナラティブモード思考の上で、「秘密な物語」を言える場を提供することが大事だと考える。最後に教師の全面的な成長を実現するとき、「つながりの可視化」がキーワードになる。したがって、中堅教師にとって、つながりを見える目を養うことが大事だと考える。

　次に、研究方法に対する私の理解を紹介する。まずは、「場」の意味の再確認である。これまでの研究では、教師の問題を一般的に教室内の問題に限定されている。したがって、教師の成長を専門性の発展や実践能力の向上に注目されており、三次元の「場」を教室内の物理的描写に限定されている。本研究は中堅大学日本語教師の問題を教室内の問題に限定されず、教室外も問題につなげて考える。「場」の意味は「物理的描写」に限らず、「場」における出来事を文脈として捉えることが大切だと考える。次は「相互作用」についての理解である。香ちゃんのナラティブを通して、中堅教師の問題及び問題間の関連が複雑だと分かった。したがって、個人の問題を社会に直結するというより、個人を取り巻く複雑なつながりの中で理解することが大事だと考える。

　最後に本研究から得られた示唆を述べ、本研究の限界と今後の課題を提示する。

第2章　本研究の個人的出発点：私の個人史

　本書は「ナラティブ的探求」を援用する研究である。「ナラティブ的探求」を援用する時には、従来の研究のような研究者は研究フィールドの外にいて、第三者の視点からデータを収集し分析するという方法をとらない。代わりに、研究フィールドに立ち入り、研究参加者と一緒に生活を経験し、研究参加者、及び研究フィールドの様々の要素と相互作用しながら実現する研究者自身の経験や研究者自身の気持ちや意識もデータの一部になる。さらに、データはいくら客観的に収集できたとしても、研究者である私という人間により、解釈されたものであるという点を重視する。

　本研究は私の個人の経験と深い関係を持っているため、本研究を理解するには、研究者でありながら、同時に研究参加者でもある私を先に理解してもらう必要がある。本論文の冒頭、第1章序論で自分の個人史について短く触れた。以下では、①私が受けた家庭教育、②日本語を学ぶ経験、③日本語を教える経験、④ドクター課程に入って所属した「Dゼミ」で対峙することになった持続可能性日本語教育との遭遇という四つの方面から、自分の個人史のストーリーを述べる。

2.1　私が受けた家庭教育

　私は1980年代前半に中国で生まれた。故郷は海辺にある小さな町である。自然環境に恵まれ、当時、私が住んでいた団地の住民はそのほとんどがある国営の水産会社で働いていた。父もその中の一員であった。1978年に始まった改革開放政策により、徐々に余裕のある生活を送れるようになった両親は、私をいわば甘やかして育てた。家事の手伝いなども一切させることはなかった。一方、私の学習については厳しく要求し管理した。私は小さいころから両親が「大学進学」という言葉を口にするのを聞いて育った。

　このような家庭教育の中で育った私は、勉強一筋だった。そのおかげで、小学校から、高校まで、私の成績はずっとクラスのトップだった。しかし、その過程では、長年勉強だけに集中していた私にも、もう勉強には飽きたという気持ちが起こったり、両親への反発が何回かあったりした。そんな時、母は変わらず、自分の経験した辛さや痛みを繰り返した。学生時代の母は成績が優れたが、家庭貧困のことで大学に進学できなかった。その後、専業主婦になり、育児や家事の中で平凡な人生を送ってきたと言った。したがって、母は、毎回このような自分の心の痛みを訴えた後、必ず「余計のことを心配しないで、成績は良ければよいほどいい」「よく勉強して、将来、教師になれ、女の子にとって安定した豊かな生活を送れるのが何よりだよ」というような話で自分の説教を終わりにした。母のこのような話を繰り返し聞かされて育った私は、親世代が叶えられなかった大学進学の夢を子ども世代に託したいという親の気持ちや期待が理解でき、涙を拭きながら、気持ちを整理して、再び、受験勉強に身を入れるということを繰り返した。

2.2　私の日本語を学ぶ経験

　私の人生のほとんどの思い出は学校生活の中で生まれたものである。小学校から、大学院まで、長年学校生活を送った私は、いろいろな先生方と出会い、各段階に印象に残る先生方がいた。しかし、私の人生に深い影響を与えた先生は、Ｔ先生である。以下では、私が大学時代にＴ先生の指導のえで日本語を学んだ時の経験を述べる。

　Ｔ先生は私の大学時代の担任の先生であった。大学に入学してからの最初の授業日、Ｔ先生が教室に入ってきたとき、学生の間に少しざわついた空気が流れた。それはＴ先生が小中学校の先生の真面目で権威的なイメージと全然違っており、おしゃれで、笑顔を見せながら、優しく、柔らかい口調で話し、上流社会の淑女のようだったからである。

　初日の授業で、Ｔ先生は自己紹介してから、先輩の日本語勉強にまつわるエピソードから、私たちへの要求までいろいろ話をしてくれた。最後に30分ぐらいの時間を使って、「あ、い、う、え、お」という五つの仮名を教えてくれた。

　Ｔ先生は私たち学生の間を歩き廻りながら、一人ずつ、皆の発音を丁寧にチェックしてくれた。

　大学の最初の日本語の授業、教室中に幸せな雰囲気が漂っていた。

　大体２ヶ月間をかけて勉強して、五十音図が無事に終わり、いよいよテキストの勉強に入った。テキストの勉強の翌日の授業風景は私にとって非常に心に刻んたこので、今でもはっきりと覚えている。その日、先生はニコニコしながら教室に入ってきて、教壇に立って、「これから宿題をチェックするよ」と優しく、軽く言った。宿題は会話文を読む練習で、その会話文の内容は「花子」と「太郎」とダイアログで、10行以内の短い文章だった。今、振り返って考えてみると、簡単なものだったと思う。しかし、その時の私たちのような日本語の初心者にとって、ペラペラとそれを読むのは容易なことではなかった。その日、Ｔ先生はまず教室の中を歩き回りながら、優しい声で「王さんと鄭さん」と言って、一人の女子学生と一人の男子学生を指名した。二人は座席から立ち上がって、読み始めた。二人は漢字の読み方が正しく言えなかったり、詰まったりした。Ｔ先生の顔かだんだん量っていた。二人が読み終わった時、Ｔ先生はこの二人を立たせたまま、次の二人の学生を指名して、同じ会話文を読ませ始めた。しかし、その二人も完璧に読み終えることができず、結果、座らせてもらえなかった。Ｔ先生は次々と学生を指名したが、ぺらぺらと読める人は一人もおらず、最後に、教室には10人もの学生が首を垂れて立っているという風景になってしまった。Ｔ先生は、教室の中を廻りながら、厳しい視線を一人一人に配った。しばらく、「発音、アクセントを大事にしなさい。今は、土台をしっかりと作らないと、素晴らしい日本語を絶対話せないよ。これから、録音を聞きながら、一本のテキストを70回、80回と、繰り返して読みの練習をしなさい。私は、厳しいのよ。君たちの先輩の中で、よく勉強しないで、私に叱られて、泣き出した人は結構いたよ」と甲高い口調で言った。Ｔ先生の怒った顔を私は初めて見た。私は頭を上げることができず、びくびくしていた。教室の中は、静まりかえって、針が落ちても聞こえそうな怖い雰囲気になった。私はこっそりと周りを見たが、皆が暗い表情になっていた。

　その後、Ｔ先生のふりに触れることを恐れた私たちは、朝早く起きて、キャンパスの芝生や階段の上に座って、日本語の文章を朗読したり、暗唱したりすることが定番になった。学習内容が徐々に難しくなっていき、Ｔ先生の私たち

に対する要求はますます厳しいものになっていった。その時の授業風景はこうであった。主に、40人ぐらいの教室で、何十年もの教育経験を持っているT先生が教壇の前に立って、教科書を見ることがなく、日本語の語彙や文型を黒板に書いて、それらを丁寧に詳しく解釈してくれた。学生である私たちは、整然と黒板の方を向いて座り、先生の話を静かに聞いた。それに、先生が黒板に書いた文型や例文をそのままノートに書き写した。T先生は文型や文法の説明を終えると、直ちに、練習に入った。文型、文法を中心として行われる授業で、T先生はいつも「〇〇さん、この中国語の文を日本語に訳してください」「〇〇さん、この文型を使って、例文を作ってください」のように学生である私たちに一人ずつを指名して答えさせた。私たちはうまく先生の質問に答えるため、T先生が学生を当てる順番のルールを踏まえて、近くにある誰かが指名されると、心の中で、「自分は次の次かな」と計算しながら、答えの準備をした。T先生の厳しい要求に応えているうちに、学生である私たちはますます日本語の文章をすらすら読めるようになり、期末試験の成績も同期の11あるクラスの中でトップだった。しかし、周りには相変わらず「高校より厳しく要求されて、大変だ」のような不満の声もあった。その時の私にとって、T先生は好きでもない、嫌いでもない存在だった。それは、私はT先生の授業に出た時、緊張感を覚えるようになり、教室は私にとって、快適なところではなかった。したがって、私はT先生のことが好きになれなかった。一方、小さい頃から、大学受験を目指して厳しい教育を受けてきた私は、厳しい教師が「いい教師」だという認識を持っていた。実際、そういう認識を持っているのは私だけでなく、その時の学生の間の共通認識だった。したがって、T先生は私たち学生の将来を考えてくれるから、厳しく要求しているのだと思った私にとって、T先生は「絶対に嫌いな人」ではなかった。

　光陰矢の如し、あっという間に、私たちは卒業シーズンを迎えた。卒業式の前夜、クラスメート一同カラオケに行って、お別れの会を参加した。送別の会では、皆カラオケを歌ったり、ビールを飲んだりして盛り上がった。突然、私の隣に座っており、ちょっと酔った班長さんは、「私たちが最も感謝すべきなのはT先生だ。T先生に厳しく要求されたからこそ、みんなうまい日本語が話せるようになって、順調に就職できたんだよね」とテンション高く言った。周りに座っていた仲間たちはみんな頷きながら「そう、そう」と相槌を打った。

何故班長さんがその時その話をしたのか、私ははっきりと知っていた。大学の
クラスの 40 人の中に病気で中退になった学生が 1 人いた。それ以外の 39 人は
その時点で全員順調に自分の卒業後の居場所を見つけた。私のように大学院に
進学できた学生は 6 人、ほかの学生は公務員になった人もおり、大手の会社に
入った人も結構いた。それは大人になって、良い職に就くため、小さい頃から、
受験勉強と苦闘してきた私たちにとって、本当に喜ばしいことだった。その時
の私たち、及び私たちの親の目からは、良い職についた私たちはこれから幸せ
な人生を送れるはずだった。その場で、私は、クラスメートの目からすると T
先生のような教師は自分の仕事に責任を持っている教師、学生に尊敬される教
師であることに気付いた。その時、大学教師を目指していた私は将来、T 先生
のような教師になろうと決意した。

2.3　私の日本語を教える経験

大学院卒業を控えて就職活動をしていた私は大学日本語教師の仕事を選ん
だ。というのは、小さいころから、母には、教師の仕事は安定しており、残業
や出張もなくてよい。女の子にとって一番いい選択だと言われていたからであ
る。私は 7 月に大学院卒業し、2ヶ月後の 9 月には順調に中国東北地方のある
私立大学に就職した。所属する大学が変わっただけで、私の立場は学習者から、
一転して教師になった。その突然の変化に対して、どう対応すればいいか、私
はさっぱりわからなかった。幸い、最初の 1ヶ月間、リーダーは私に授業を担
当させず、免除してくれた。勤務校では新任教師を教室活動に馴染ませるため
に最初の 1ヶ月間は授業活動をさせず、仕事はただベテラン教師の教室へ授業
見学に行くことであった。したがって、その時の私の仕事は日に 1 回ベテラン
教師の教室に入り、ベテラン教師の板書の書き方、身振り手振りから、授業の
導入の仕方に至るまでまじめに学び、一つ一つ詳細なメモを取ることだった。
1ヶ月間の授業見学が終わる前に、私はリーダーやベテラン教師の前で一回模
擬授業をすることが要求された。模擬授業の日、教室には、リーダーとベテラ
ン教師を含め、4、5 人の教師たちが座り、教壇に立って模擬授業をする私を真
剣な眼差しで見つめていた。ドキドキしていた私は授業の流れを踏まえ、語彙

や文法の説明を中心にする模擬授業をした。終わったら、ベテラン教師たちは「板書はわかりやすいね」「身振り手振りは問題ない。ベテラン教師みたいだね、ただ。視線をちょっと注意してくださいね。じっと一つの方向を見ないで、教室の中を見渡すように視線を動かすともっといい」という肯定的なコメントをしてくれた。最後に、当時の主任の先生は「趙先生は教壇に立つことについて、すでに準備が整ったようだね」と笑顔で、褒めてくれた。私はほっとし、心かとひそかに、「授業をするのは簡単だね」と満足した。次の週、私はいよいよ教壇に立つこととなり、教員のキャリアがスタートした。

　最初の1年間私は、三年生と四年生の精読や翻訳の授業を担当していた。リーダー達から、肯定的な評価をもらった私は、自信も持ち、教壇に立った。しかし、実際の授業を始めると、私は、板書をいくらわかりやすく書いても、授業導入の仕方にいくら習熟しても、教室での突発的な出来事にうまく対応できるわけではないことに私は気付いた。その時の私は、学生の無断欠席や学生が私の話を聞かず、授業で堂々と寝ることなどに悩まされていた。教室での問題を解決できない私は、自然に同じ教師である同僚に向かって、改善策やアドバイスを求めた。同僚たちは、「それは意外なことではないよ。学生は三年、四年になって、大学のルールや教師のやり方がはっきりと分かるようになると、自然に態度が強くなる。教師の話を聞かないのはもちろん、教師を馬鹿にする学生も少なくないよ」と平然と話し、さらに「一年生の時からしっかりとコントロールしておかなければならないよ」と教えてくれた。同僚の話を聞き、私は学生のわがままをそのまま放置するしか方法はないと思った。しかし、心の中で、「一年生の授業を担当したら、絶対学生をしっかりと管理するぞ」と自分の中で決意し計画を立てた。1年後、新学期を迎えた時、私は期待通りに一年生の担任の先生になった。

　私は、初めて担任のクラスの教室に入った時のシーンを今でもはっきりと覚えている。私が教室に入ったとたん、騒いでいた教室は急に静かになった。学生たちはみんなきちんと席に座り、教壇の方に身体を向け、私の指示を待っているようだった。学生たちのおとなしく、あとげない顔を見て、私は、「これからの2年間、私は君たちを守ってあげるよ」というような気持ちが心の奥から湧いてきたが、そのような気持ちを抑えて冷静で厳しい顔をし、自己紹介をしてから、名簿を手にして、一人ずつ出席を取り、最後に、自分の要求をはっ

きりと伝えた。というのは、学生に尊敬される先生になりたかったら、T先生のように学生に対して厳しく要求すべきだという意識が深く私の心に根ざしていたからである。それに、同僚の「一年生の時からしっかりとコントロールしなければならないよ」という話を、私は頭の中にしっかり刻んで置いていた。

担任の先生の仕事は「基礎日本語」の授業をやり、朝、晩と自習の監督もすることであった。基礎日本語の授業は五十音図から始まる。いつの間にか、私の授業は自分が大学で受けたT先生の授業とほぼ同じようなものになっていた。授業の時、私はいつも「発音とアクセント」の正しさの重要性を強調し、「今は、土台をしっかりと作らないと、素晴らしい日本語が絶対話せないのよ」というのは私がよく口にするセリフになった。私はいつも、教科書にある単語や文法を事前にしっかり習熟し、授業の時には、一つ一つ、黒板にはっきりと書き、大きな声で学生に説明した。教壇の向こうに座っている学生たちは大学時代の私のようで、静かに聞きながら、丁寧にメモを取っていた。学生が私の話を聞かないことは私にとって一番許せないことだった。授業で、私語をする学生や寝ている学生がいると、私はすぐキレた。私の厳しい要求により、学生はいつも整然と座り、静かに授業を聞いていた。

「厳しい教師」と呼ばれる私の指導の下で、私の教え子たちのテストの成績はいつも同期のトップだった。それに、ほぼ全員が日本語のテキストをすらすら読める。それは、私はT先生の方法をそのまま自分の教室に取り入れ、学生たちに、一つの文章を数十回読ませ、さらに暗唱するという課題を宿題として出し、次の授業で、長い時間を使って、その宿題を一人ずつチェックしながら、完成度により、名簿に点数をつけることなどをしっかりしたおかげだとその時の私は思っていた。学生達の成績が良いおかげで、私はよくリーダーに褒められ、同僚に羨ましく思われるだけでなく、私自身もそれを自慢に思っていた。学生は成績が良いからこそ、将来、給料のいい職に就けると思い込んでいた私は、自分もT先生のような学生に尊敬されるような先生になると信じていた。

しかし、その後、私は就職活動に参加した学生たちに就職状況を聞いて、その結果に驚いた。クラスは全員で 28 人だったが、そのうちの 5、6 人だけが日本語関連の仕事に就いた。残りの人の中には、就職活動が順調ではなく、田舎へ帰らざるを得なかった人もいた。最初から日本語で職を得たいという意欲が

なく、卒業後、親や親友と商売をする人もいた。その事実を知った私は、一瞬、愕然とした。学生たちにきれいな日本語を身に付けさせるため、私は2年間、いろいろ労力を使ったが、結局、大多数の学生にとって、日本語は役立たないものになったことを知った。それでは、私の仕事や努力の意味は何だろうかという問いが、それ以降長い間、私の頭の中で繰り返された。

その後、もう一つの出来事が起こり、私はいろいろ考えさせられた。それは担当していたクラスの卒業式前の事だった。昼休みが終わり、事務室に帰る途中の私は、暗い廊下で、ある男子学生と擦れ違った。その時、その学生がとても丁寧に「先生、こんにちは」と挨拶してくれた。声も体形も馴染みがないので、疑問に感じた私は、「誰？」と呟いた。すると、「健さんだよ」と私の後ろを歩いていた同僚が私の疑問に答えてくれた。

その後、長い間、私は、その健さんのことを考えると、心が落ち着かなくなった。それは、丁寧に挨拶してくれた健さんは、教師の私に可愛がられた学生ではなく、逆に、私に「駄目の子」というレッテルを貼り付けられた学生であったからである。その時、「日本語の成績が一番だ」という教育ビリーフをしっかり持っていた私は、日々の教育実践の中で、健さんのような日本語に興味がなく、成績が悪い学生に対して、他の学生に対してよりも一層厳しい要求を突き付けていた。その時の私は、いつも「日本語をよく勉強しなければ、将来、仕事が見つからないよ」と説教しながら、彼らに山のような宿題を与えていた。日本語に興味がなくても、しっかりと練習させれば、彼らの日本語の成績はアップできると思い込んでいたからだ。しかし、健さんは私のやり方に反発し、成績が上がられなかっただけでなく、逆に日本語学習に後ろ向きになっていった。「成績が上がらないのはすべて健さんのせいだ」「健さんが不器用だからだ」と思っていた。そして、健さんの欠点を直すできない私は、健さんに「駄目な子」というレッテルを張り付け、健さんの不勉強をそのままに放置することにした。ろのたる私は健さんが丁寧に挨拶をしてくれたことに驚いた。いろいろなひどいことをした私は、健さんのような学生の目から見れば「鬼の教師」であるのではないかと自分自身を責め、自分のやり方を反省し始めた。私は自分の思い込みを一生懸命に健さんに押し付けていたことは本当に健さんのためになったのだろうか。教師としての私は、いったい、どのようにすればいいのか、わからなくなっていた。

2.4　新たな教育パラダイム：持続可能性日本語教育との
　　出会うこと

2.4.1　教師としての私が直面している問題

　前の節で述べたように、私は教師として学生を助けようとしても、実際には何も助けになっていないことに無力感を感じ、苦しんでいた。その後、教え子たちに自分の思い込んでいたことを一方的詰め込むことに対して、学生に済まない気持ちを持つようになった私は、新しいクラスを担当した時、厳しい仮面を外し、一方的に詰め込むことをやめようとした。しかし、結果は、自己管理ができない学生が増え、クラスの中で、学生の成績の格差が拡大する一方になった。リーダーは「成績が大事だよ」と私に繰り返し強調した。学生の中には日本語を勉強する意味がない、学びたくないという考えを持っている学生がかなりいた。リーダーと学生の板挟みになった私は一層苦くなった。

　他方、教員になって 10 年近くが経過したころ、私は、結婚、出産という一つの人生の節目を迎えた。妊娠、出産に伴い、家庭や育児にかける時間が徐々に多くなり、私は以前のように全力をあげて仕事や研究に取り組むことができなくなった。研究業績が次第に悪くなっていった。受け持ちのクラスの成績が悪く、教育業績も悪くなり、次の昇進の機会もなくなってしまった。このような状況の中で、私はコンプレックスを持ち、ストレスもたまる一方になった。

　しかし、それでも教師として日本語を継続して教えていきたいと考えた私は、教師としての成長を求めて、積極的に教師研修に参加することにした。しかし、大小様々な研修会に参加したが、そのほとんどが知識の紹介や教授法の熟練に重点が置かれており、私のニーズには合わなかった。紹介してもらった新しい教授法を自分の教室に取り入れることはなかなか難しく、研究業績を上げることにも役立たなかった。

　なかなかストレスから解放されない私は、自分は教師の仕事に向いていないかもしれないと疑問に思うようになった。結局、仕事と家庭を両立できないことを自ら認めて、私は正教員の仕事を辞め、非常勤講師として働くことを決断

した。非常勤講師になってからは、研究業績のストレスがなくなり、私は育児の時間を十分持てるようになった。しかし、今度は、非常勤講師は、正教員と違い、自分の担当するコースさえ自由にデザインすることができないことに悩むようになった。そして、一人前の教師として教育現場で最大限に自分の力を生かしたいという希望が以前より強くなった。つまり、家庭と仕事をそれぞれどう位置付ければよいか、中堅大学日本語教師の成長はどうすれば実現できるのか、を考えるようになった。しかし、こうした問いは考えれば考えるほど混乱し、考えが整理されることはなかった。

　最初、私は教員向けの講座、ワークショップに積極的に参加し、重点を教授法の習得などに置いた。私は元々日本語言語学の出身で、教育学の理論や知識が足りないことが自分の弱み、さらに、「私の矢格」の要因だと思ったからだ。講座やワークショップを通して、教授法の熟練や言語知識の熟知を得て、私は嬉しくと思った。しかし一方で、教わった教授法やシェアしてくれたカリキュラムをそのまま自分の教室に取り入れることがなかなか難しいことに気付いた。

　一方、教室での出来事は積み重なっていった。学生たちはちゃんと自己管理できず、クラスの中で、学生の成績の格差が拡大する一方だった。リーダーは卒業生の就職率をアップするため、「成績が一位だよ」と私に繰り返して強調したが、学生のほうは日本語勉強する意味がない、学びたくないという考えを持っている人はかなりいた。リーダーと学生の板挟みになった私は結構苦しんでいた。その時の私は、自分は教師の仕事に向いていないじゃないかと疑問に思った。

　ちょうど、そのような混乱状況に陥っていた時、楓大学（仮名）には現職教師向けの博士コースがあることを知った。私は、しばらく教育現場を離れ、頭や気持ちをリセットしよう、ドクター課程でより高度な学問を修めれば混乱した頭脳が整理でき、大学教師としての生活が再構築できるだろうと考えた。ドクター課程に入ると、高度な学問研究ができ、そうすると、自分が現場で直面し、その克服ができず、退職に追い込まれた課題もきれいに解決できるだろうと考えたのである。言い換えれば、自分が退職に追い込まれたのは、高度な学問が足りなかったからで、高度な学問を身に着けることで問題が解決できるはずだという考えが前提になっている。私はこうした前提のもとに楓大学の博士

コースに入ることにした。果たして、楓大学のドクター課程が提供する高度な学問は私の期待に応えてくれるだろうか。

2.4.2　持続可能性日本語教育との出会うこと

2015年4月、私は楓大学に進学し、その大学の博士コースの一員になった。教育学に関する知識が足りないと思っていた私は、所属ゼミを決めるとき、「持続可能性日本語教育」という教育学のゼミを選択した。このゼミを本研究では便宜的に「Dゼミ」と呼ぶ。こうして、私は「Dゼミ」に出会ったのである。そして、この「Dゼミ」で、持続可能な生き方を追求する持続可能性日本語教育と対峙することになった。

最初、私は持続可能性日本語教育に抵抗感を覚えた。何故かというと、「Dゼミ」のやり方は私が慣れ親しんで来た授業の形とまったく違っていたからだ。「Dゼミ」はドクター対象のゼミで、週に一回行われ中：ゼミは午前と午後に分かれ、午後は2コマで、研究指導の形で行われる。午前の1コマは「持続可能性日本語教育」と銘打たれていた。連続的に3コマの授業を受けるのは大変だと思っていたため、最初の一か月間、私はただ午前の1コマだけに出席していた。しかし、その1コマの授業が私にとっては全く易しいものではなかった。「持続可能性日本語」と名付けられていたが、幅広い話題（学習問題、教育問題に限らず、育児、さらに雇用や食糧など人類の生存に関わる問題などが含まれる）で議論を行い、日本語教育についての理論などを正面から取り上げた勉強は一切なされなかった。これは、ずっと教師が主体で、知識伝授を中心とする教育を受けた私にとって、不思議なことだった。何故そのような話題が教育学の授業で取り上げられるのか、その議論はゼミ生にどんな意義があるのか私は疑問に思っていた。また、雇用、食糧など生存に関わる話題には関心も知識もなく全く馴染みがなかった私は「Dゼミ」の議論に全然参加できず、コンプレックスを感じた。そのほかに、ゼミの「振り返り」を書くことにも私は悩まされた。「Dゼミ」では、毎回授業が終わった後、ゼミの議論の「振り返り」を書くことが期待されていた。「振り返り」を書き終わったら、ゼミのML（メーリングリスト）に流して、ゼミ生全員で共有することになる。皆が書いた「振り返り」の内容は次回のゼミで取り上げられ、また議論の話題になる。ゼミで

なされる議論の内容に追い付けない私にとって、「振り返り」を書くことは至難なことであった。もし、変なことを書いたら、非難されるだろうという心配も抱えていた。単位を取ったら、この「Ｄゼミ」を去ろうと密かに考えていた。ゼミの時間になると教室の隅に座って、自分を透明の人間にしようと努めていた。私の「振り返り」には本音の代わりに、当たり障りのない「きれいごと」が多かった。高度な学問を身に着けるために入ったはずなのに、その期待は完全に外れた。

　「Ｄゼミ」に入ってから1ヶ月が過ぎる頃になって、私の「Ｄゼミ」に対する見方が変わり始めた。「Ｄゼミ」の議論はとても自由かつ気楽な雰囲気で行われていることに気付いたからだ。誰でも自分の考えを自由に言える一方で、議論にあまり参加しなくても、それで非難されることはなかった。そのことに気づいてから、私は落ち着いで皆の議論を聞けるようになった。ある日、「Ｄゼミ」で日本語教育の現場の話題が取り上げられた。教育経験を持っていた私は、ようやく発言のチャンスを見つけたと喜んで、「私の勤務校は三流大学で…」と議論に割り込んだ。すると、意外にも私の発言は「趙さん、三流大学というような表現はやめてね」とこのゼミの担当の希先生（仮名）に遮られたのである。続けて、希先生は「三流大学、駄目な子というような考えを捨ててね。この世界はいろんな人間から成り立っているよね。皆それぞれ違っているからこそ、今の多彩な世界があるんだ。学生のなかには成績は良くないけど、他の面には優れたところがある人物がいるかもしれないね。物事は様々な視点から見てください」と言った。

　この希先生の発言に私は勇気づけられた。これまで、教育現場の問題を考えるとき、私は常に「学生の質が悪い」と責任を学生に押し付けていた。希先生の話を聞いて、初めて自分のこの考えを反省した。現場では、不勉強の学生が少なくない。それらの学生の中には部活で活躍している者、人にやさしい者もいるが、成績が悪い学生には私はすべて「駄目な子」のラベルを付けていた。何故、私はそのような考えを持っているのか、と私は自分に問いかけた。すると、私の幼少期の経験が喚起された。こうした自分の学生の評価基準の形成は自分の幼少時の経験につながり、さらに社会の支配的な言説にも影響されていたことを意識し、成績優位の評価基準を捉え直した。私はその日の内省を一つ一つ授業後の「振り返り」に書いた。私の「振り返り」は綺麗ごとが記述され

たものではなく、ゼミの議論を振り返って自分の中に沸き起こる自問自答を記述するものになった。

　その後の私は、徐々に「Ｄゼミ」の議論に参加できるようになっていった。ゼミの回数を重ねていくうちに、物事の間のつながりが可視化されるようになり、私の注目点も教育現場の問題から、徐々に競争社会や食糧危機などの生存に関わる問題に移っていった。このような生き方に関わる議論や議論の後に書く「振り返り」における内省を経験してから、私が問題に感じていたことが一つ一つ解けていき、今後の仕事、生活に対して、自分なりの考えや見通しが持てるようになった。楓大学進学に際して私が期待した高度な学問を身に着けたかどうかははっきりしない。それでも、私は自分が教師として成長したと強く感じた。しかし、この成長はどのようにして現実のものになっていったか、そのプロセスはぼんやりしており、はっきりイメージできず整理もできなかった。それで、私は、自分の成長は具体的にどうなっているか、どう解釈すればいいかを、知りたい気持ちが強くなった。

　他方、「Ｄゼミ」のゼミ生はほとんどが中国の大学に勤める現職教師である。そして、私のような中堅大学日本語教師がほとんどである。「Ｄゼミ」の生存の話題を巡る議論やゼミ後、メーリニグリスト（ML）に流される「振り返り」を通して、私だけでなく、たくさんの中堅大学日本語教師が複雑な問題に直面していることが分かった。彼らにとっては、研究業績の問題や仕事と生活の両立が難しいなどが中心的な問題である。そして、それぞれ自分の現状に問題を感じ、その克服を目指し、現職のままに楓大学に進学し、「Ｄゼミ」に参加したのである。

　私は「Ｄゼミ」の中堅大学日本語教師たちが提起し共有された問題や課題に最初は驚いた。それは、これらの問題や課題は現場にいた時には一度として聞いたことがなかったからだ。言い換えると、専門性や技術性が強調される教育現場では、中堅大学日本語教師にとって如何に切実な問題や課題であっても、それらが専門性や技術性と直接関わらない限り、取り上げられるべき問題としてはみなされなかったのである。そして、中堅大学日本語教師特有の問題や課題はないもののように捉えられ、教師の成長は、専門性の発展という一つの観点からだけ論じられてきた。だからこそ、私はより高い専門性、高度な学問修得による私の問題の解決を求めて楓大学のドクター課程に進学したのである。

ところが、高度な学問の修得の代わりにゼミ生の間の議論に終始する「Dゼミ」での議論に参加する中で、私は自分が直面していた問題を捉え返し、解決の道筋が見えたことを実感した。そして、いくつもの問いが生まれた。

この「Dゼミ」で、専門性や技術性を直接問うことなしに、単に、持続可能な生き方の追求を目標とする言語教育を経験することを通して、中国の中堅大学日本語教師のゼミ生たちには、どのような変化があるのか。その変化は問題解決に向かう変化なのか。つまり、教師としての成長は見られるのか。成長が見られるとした場合、その具体的なプロセスはどうなっているのか。

同時に、自分の変化や成長の軌跡も整理したいと考えるようになった。

以上が本研究の個人的出発点である。

第 3 章　本研究の理論的出発点：持続可能性日本語教育

　教師教育の研究を志す私が、教師、正確には本研究では中堅教師の成長について考える時、何に注目し、どのような研究方法を用いるかは重要なポイントである。何故私は持続可能性日本語教育に注目をするか、何故「ナラティブ的探求」という研究方法を用いるかという問題は、第 2 章の個人的出発点で述べたように、勿論日本語教育に携わって来た私の経験や興味関心と密接な関係を持っている。一方で、第二言語教育における教師教育研究のパラダイムの転換や日本語教師教育におけるアプローチの発展、そして研究方法の変化からの影響にも関わっている。

　序論及び第 2 章に続いて、本章では、何故私は持続可能性日本語教育における教師の成長に着目するのか、また何故ほかの研究方法ではなく、「ナラティブ的探求」という研究手法を援用するのかという問題を巡って、ここでは、先行研究の知見を踏まえながら詳述することにする。

3.1　何故私は持続可能性日本語教育における中堅大学日本語教師の成長に着目するのか

　この節で、先行研究の知見を踏まえながら、第二言語教育における教師教育研究のパラダイムの転換及び日本語教師教育に対するアプローチの発展を概観し、持続可能性日本語教育における中堅大学日本語教師の成長に着目する理由を論じる。

3.1.1　第二言語教育における教師教育パラダイムの転換

1980 年代までは、「教師トレーニング」が教師養成や教師研究のキーワード

であった。岡崎他（1997:7）は、「教師トレーニング」とは、教師として備えるべきだと考えられている諸技術を指導者が訓練によって教え込みマスターさせることで、教授の能力の養成を図ろうとするものだとして、以下のように述べている。

　指導者から、指名の仕方、板書の仕方、指示の与え方、文法説明の仕方、ドリルの作り方、教室内での動き方、学習者の動機の高め方、誤りの訂正の仕方などの教授技術のあるべき仕方が提示され、実習生（現職者を含む）はそれらを模倣し体得していくという教師教育のあり方である。

　このようなトレーニング型教師教育の中では、教師たちは教育実践の主体としてではなく、ただ研究者によって研究される客体として見なされている。研究者は教室の外に身を置き、どの教室でも適用し、どの教師にも共通の有効な教え方、普遍性のある理論を開発する。そして、この教え方や理論を実習生（現職者）に伝授し、実習生（現職者）はこれを教室で実践する。それに対して、李（2004b:20）は、いわゆる教師は理論の「導管」のような役割を担わされてきたと指摘している。しかし、教育現場に立つ教師なら誰でも、このような外から伝授された教え方や理論を自分の教室にそのまま持ってきても、役に立たないだけでなく、現場の多様な問題を解決できないことを知っている。一つの理論や知識だけで現場で生起するすべての問題に対応することはできない。教師自身が実践を省察し力量をつけていくことが求められる。

　1970年代から、このような問題に一部の研究者が気付き、教師教育研究にパラダイムの転換が起きた。その後、教師についての研究は「教師トレーニング（teacher training）」から、「教師成長（teacher development）」に変わっていた。教師の成長について、岡崎他（1997:9-10）は、次のように指摘している。

　教師はそれまで、良いとされてきた教え方のモデルを出発点としながらも、それを素材にいつ、なぜ、その方法で教えるのかを自分なりに考えていく姿勢を育成し、それらを実践し、その結果を観察し改善していくことによって成長を作り出していくという教師教育の考え方である。つまり、実習生（現職者）が実践、観察、改善のサイクルを主体的に担うことによって専門性を自ら高め、教師としての成長を実現していくという考え方である。

　以上のように、第二言語教育における教師についての研究では、「教師トレー

ニング型」から、教師が教育現場の目的やニーズなどに適応した理論や方法を自らが開発することを目指す「教師成長型」へと転換している。「教師トレーニング型」から「教師成長型」へと転換により、教師は一方的に研究者から知識を授けられる客体から、内省により、理論や方法を自ら開発する教育実践の主体になった。

3.1.2　日本語教育における教師成長アプローチの発展

以上述べた転換は、日本語教育における教師教育に新たな地平を生み出し、日本語教育における教師教育の考え方も「教師トレーニング型」から「教師成長型」に転換し、新たな教師教育の構築へと前進しはじめた（岡崎他 1997）。

まず多様化した学習者を対象とする教師に求められる形として、「自己研修型教師（self-directed teacher）」が提起されている（岡崎他 1997:15）。その概念は以下のように記述されている。

「自己研修型教師」とは、ほかの人が作成したシラバスや教授法をうのみにし、そのまま適用していくような受け身的な存在ではなく、自分自身で自分の学習者に合った教材や教室活動を創造していく能動的な存在である。

また、岡崎他（1997:18）は、「自己研修型教師」という捉え方に端的に表されているように、教師自身が自分の教室で起こっている事柄に注目し、それを観察し改善していくというあり方は、必然的に教師自身による研究を促すものとなる」と指摘している。そして、そのかなめとして、岡崎他（1997:20）は「アクション・リサーチ」という教師が自分の現場の改善を目指して行う研究を提起している。

「アクション・リサーチ」は、一般性・普遍性を追求する研究とは対照的に、教師が自分の携わっている現場の提起する問題自体に焦点を当てて、それを理解すると同時にその改善策を探り、問題の解決を図ろうとする研究で、優れて実践的性格をもつものである。

また、横溝（2000）も、教師の「自己教育力」を向上させることは教師の成長を支援することと捉え、それを実現する方法として、「アクション・リサーチ」を奨励している。横溝（2006:50）は以下のように「アクション・リサーチ」を特徴づけている。

教師が自己成長のために自ら行動（action）を計画して実施し、その行動の結果を観察して、その結果に基づき内省を行っていくリサーチである。

このような「教師トレーニング型教育」から「教師成長型教育」への転換、「自己研修型教師」、「アクション・リサーチ」などの考え方が出てくるに伴い、内省という概念も日本語教育の領域に取り入れられるようになった。岡崎他（1997：19）は、第二言語教育における内省の捉え方は、「いずれも教師個々がどう考えるかを根本におくことを求めるものである。それを底支えするものが内省の場で問われる問いである。」として、内省を駆動する教師の問いの重要性を指摘している。そして、問いの直接的な対象となる教室現象を、教室の中だけに限定して考察するのではなく、教室を取り巻いているコミュニティーや社会全体との関係で捉え返し、考察していこうとする考え方も不可欠だと強調している（岡崎他 1997）。

類似の主張は他にも見られる。例えば、教育学の領域の小林（2008）である。小林は、教育実践と成長の関係を取り上げ、教育実践に焦点化し過ぎるアプローチに対して、グッドソンの「必要なことは何よりも『成長』であり、当人である教師の声に耳を傾けるような焦点の当て方が必要だ。」という指摘を引いて、「教師は実践のみに存在するのではなく、一人一人の『生活』があり『人生』がある」と主張している。そして、教育実践を次のように特徴づけている（2008：51）。

教えるという行為は教師が人として自分が誰であるのかを表現するものであり、教師がそれまでの人生で身に付けてきた信念、価値観、物の見方、経験が染み込んでいると考え、教育実践を内省することと、個人史の文脈の中で教師の私生活と職業的キャリアを関連付け、子ども時代を含む個人的な経験が教育実践にどのように影響しているかを理解する。

また、池田（2005）ス次のょえこ指摘している（2005：225-226）。

子どもが発達過程において形を形成していくのとは異なり、成人である教師の成長は、実践を通し内省することで、既成の意識、前提や価値観の変容を意味する。教師は実践への振り返りを通して、今まで無意識・半意識的だったことに気づいたり、これまでの自信を喪失したり、価値観や前提を批判的に捉えなおしたりすることで生涯にわたって、絶えず様々な方向に変容していくことの積み重ねのプロセスである。

　このような教師成長のアプローチは、教師の問題を教室内の問題に限定せず、教師の声に耳を傾け、教師の問題を教師が抱える既有経験に繋げて考える。つまり、教室内の問題を孤立した問題として捉えるのではなく、つながりの中で捉えることを主張していることに注目したい。

　他方、教師の声に耳を傾け、教師の問題を彼らの経験に結び付けて考えることが重視されているとはいえ、その目的は教室実践の改善のためである。ここには、次のような問いが生じてくる。例えば、教師が直面する課題は教室実践に関わることだけなのか。例えば、教師は特に中堅ともなると仕事と家庭の両立問題が深刻さを増すことを先に見た。ところが、こうしたワーク・ライフバランスに関わる問題は個々人で解決すべきものとされ、教師研修の場などで取り上げられることはない。しかしながら、家庭と仕事をどう両立させるかは特に中堅教師にとっては無視できない課題である。

3.1.3　持続可能性日本語教育における教師成長アプローチ

　グローバル化による世界の変動を背景として、言語教育の場において、言語を最大限に機能させ、「持続可能な生き方を追求する言語教育」（岡崎 2009a, 2009b）が提案されている。これを日本語教育の場で実現するのが、「持続可能性日本語教育」である。持続可能性日本語教育は言語生態学を基盤とし、言語生態の保全・育成の一つの形である（岡崎 2009a）。

　以下では、岡崎（2009a, 2009b）を参照しながら、持続可能性日本語教育の基盤である言語生態学の基本的な見方を述べ、そして持続可能性日本語教育における教師成長のアプローチを論じる。最後に、李（2004b, 2011）の先行研究を取り上げて、それを踏まえて、本研究の分析の仕方を考える。

（1）言語生態学の基本的な見方：言語福祉と人間福祉の一体化

　言語生態学は、Haugen（1972:325）によって、「Language ecology may be defined as the study of interactions between any given language and its environment」と定義される。岡崎（2009a:3）では、それを「言語生態学は、ある所与の言語とそれを取り巻く環境との間の相互交渉的関係の学である」と訳されている。

　以上の定義から、「環境」と「相互交渉的関係」はこの定義の中心だと見られる。その言語を取り巻く「環境」は「言語生態環境」と呼ばれる。言語生態環境について、岡崎（2007：69）では、その詳細を以下のように述べている。

　言語生態環境とは、言語生態の周囲にあって、それに影響を与える他の言語及び社会の形作るもの「言語生態環境の社会領域」と、言語生態の内部にあって、言語生態をもたらす言語及び他の言語能力の形作るもの「言語生態環境の心理的な領域」の両者全体である。

　つまり、言語生態環境は「心理的な領域」と「社会的な領域」の二つの領域から構成される。岡崎（2009a：4）では、「心理的な領域」と「社会的な領域」について、以下のように述べている。

　「心理的な領域」とは、バイリンガルや多言語使用者の知性・精神（mind）の中での、ある言語と他の言語との相互交渉的関係の領域を指す。「社会的な領域」とは、ある言語と、その言語がコミュニケーションの手段として機能する社会との間の相互交渉的関係の領域である（岡崎　前掲）。言い換えれば、「心理的な領域」では自問自答による思考の深化が中心的活動であるのに対して、「社会的な領域」では、社会的相互作用が言語の中心的活動である。

　両者は互いに影響し合う関係にあり、さらに、言語生態環境と言語との間にも相互交渉的関係が存在している（岡崎 2009a）。つまり、言語生態が悪い場合、その言語生態環境に問題があると見られ、言語生態環境が良好であれば言語生態は良好である。

　そして、言語生態学では、「言語の生態の福祉（well-being：あり方のよさ）の状況は言語話者の生態の福祉（well-being）の状況に直結する。すなわち、言語は人の生活の質（quality of life）に直結する」（岡崎 2009a：12）という。これを「言語生態と人間生態の一体化」（岡崎 2009a：3）と呼んでいる。

　具体的には、言語の発達が保持され、コミュニケーションの活動や社会環境など言語生態環境が確保され、言語が良い状態に保たれていれば、人間生態も良い状態にあることになる。反対に、人間生態が悪ければ、言語生態も悪いと考えられる。

　このように、教師の問題を解決するとき、言語生態の改善を糸口になると考える。

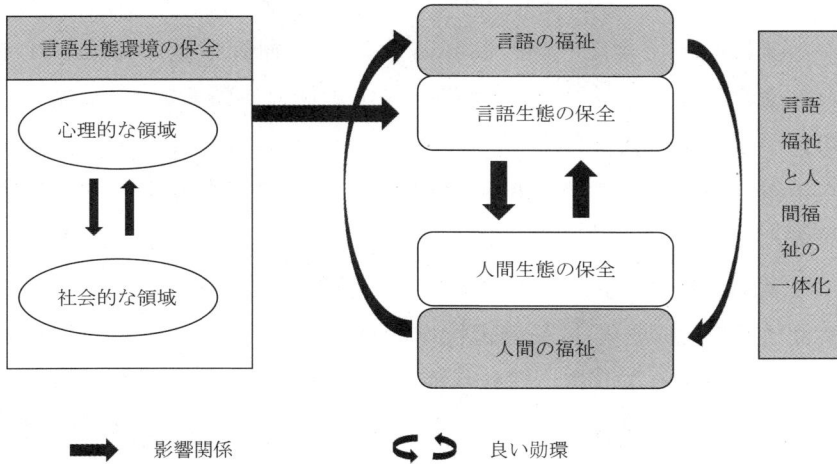

図 3-1　言語福祉と人間福祉の一体化

【岡崎（2009a）より筆者作成】

（2）持続可能性日本語教育における教師成長のアプローチ

　持続可能性日本語教育は言語生態の保全・育成の一つの形である（岡崎2009a）。持続可能性日本語教育について、岡崎（2009b）では、以下のように述べている。

　具体的には、自己を起点として自己の生活と世界のコト、モノ、ヒトとの関連性を捉え、さらに、他者との対話を通して、社会の変動の下に生きる人々の生き方や自分の生き方について、考えを深めていくことで、持続可能な生き方を追求する言語教育である。

　持続可能性日本語教育は、グローバル化の下で変動しつつある世界を背景として、提案された。「1990 年代以降、年々激化しているグローバル経済の影響で、人、物、情報の移動のスピードが上昇している。」（鈴木他 2012：11）。このような変動しつつある世界において、人間生存の基盤が揺らぎつつあり、従来の「生きるためのスキーマを失い、人々どうやって生きて行ったらいいかが見えない状況にある」（岡崎 2009a：28）。このような状況に置かれている世代にとって、従来の価値観や生き方が通用せず、自分なりの生き方を探ることが課題になる。

　中国の大学においては、日本語学習者の増加、学習者ニーズの変化及び政府

33 |

主導の大学日本語教育改革などにより、中堅大学日本語教師が置かれている環境は益々複雑になってきた。専門性というより、「研究業績があげられなければ、次の昇進の機会もなくなる」「仕事と生活の両立が難しい」「幸福感、満足感の欠如」などが中堅大学日本語教師の問題の中心になった。すなわち、中堅大学日本語教師の直面している問題は教師の生き方に関わる問題として括ることができる。

さらに、教師成長のアプローチにおいて、教師の成長を論じる場合、従来に教師が直面する問題の一般性や普遍性に着目し、改善していく傾向があった。以下の引用から分かるように、持続可能性日本語教育では、個々人がユニークな存在であり、個々人が自己を起点にして認知や実践を行うことが尊重される（岡崎 2009b：2）。

持続可能性日本語教育においては、予め教育者が用意する単一の答えを学習者に提示し、理解を求めない。代わりに、学習者が自己を起点として（各自なりに自身が持つ問いを掛かりにして）、世界のコト、モノ、「人」のつながりを考えていくことが目指される。各自の持つ問いが、このような現実世界への入り口、糸口を手操り寄せ、解決の道を牽引する。

生き方の問題に直面している中堅大学日本語教師にとって、持続可能な生き方の追求を目標とする持続可能性日本語教育と遭遇し、持続可能性日本語教育を、直接身を以て経験することは、彼らの問題の解決に道を開き、彼らの変化や成長を促すこととなることが考えられる。

3.1.4　言語生態学を理論的枠組みとする楚の実践研究

以上の理論的出発点を踏まえて、本研究において、私は持続可能性日本語教育における中堅大学日本語教師の成長を探求したい。研究に入る時には、何に焦点を当てて、どのように研究すればいいかがまず問題となる。そこで、楚の実践研究（2020）を検討することにする。楚（2000）は、持続可能性日本語教育が依拠する言語生態学を理論的枠組みとする教師教育の数少ない先行研究である。

楚は、現行の、基礎教育で働く日本語教師向けの研修が、開催者や専門家主導の形で行われ、現場の教師のニーズに応えられていない場合が多いことに問

題を感じた。そこで教師のニーズに応えらえる研修として、教師たちが自分の
直面する課題を自ら発見して提起し、自分たちで議論を闘わせることで課題解
決の方策を探る形の研修をボトムアップ型研修と命名し、その実効性を検証す
るたるに実践研究を行った。分析データは、基礎教育で働く教師を募って、15
週間にわたる研修会を実施して収集した。研修の前の事前課題として、各受講
教師は、自分の職場や生活の観察を通して自分が直面している問題を見つける
（「心理的な領域」における言語の活性化）。続いて、研修の場で、グループを
作って、各自の問題を提起し、議論を行って、問題の共有や解決策の模索を行，
た（「社会的な領域」の言語の活性化）。研修後の事後課題として、各自、議論
を振り返り、問題を改めて捉え返す（「心理的な領域」における言語の活性化）。
このような「問題の発見と提起→問題をめぐって仲間と議論→議論の振り返り
の記述」の繰り返しを通して、受講教師は、問題に対する理解を深め、問題に
振り回されるのではなく、問題をコントロール下に置くことができるようにな
ることを狙った。つまり、楚は、研修会を、言語生態の保全を通して人間生態
の保全を図るものとして位置づけ、実践をしたということができる。

　楚は、二人の中堅日本語教師を取り上げ、①どのような問題が発見され、提
起されたか。②その問題をめぐって仲間との間でどのような議論が展開された
か。③その議論の振り返って書かれた振り返りはどのようなものであったかと
いう三つの問いを立てて、①については提起された問題、②については研修中
の談話、③については振り返りの記述をデータにして分析を行った。その結果
は、問題の捉え返しが進むことで視野が教室内から教室外へと拡張し、教師の
活動とその他の人間としての活動が統合され、人生に対する満足感が向上する
ことが分かったとしている。

　以上みたように、楚の研究は、事前課題や仲間同士における活発な議論、議
論の振り返りの記述といった言語を活性化することで、教師活動と人間活動が
統合され、人間生態が保全されることを示した。一方、楚の研究の目的は「ボ
トムアップ型」教師研修の可能性を検証することである。そのため、教師一人
一人に焦点化し、その成長の具体相の探究をしているわけではない。教師は、
置かれた環境や既有経験の違いによって、直面する課題もその乗り越え方も、
したがって、成長のルートも多様で有るはずである。そもそも中堅大学日本語

教師の成長がどうなっているかが、私が興味関心を持っていることである。そして、一人一人の中堅大学日本語教師の成長のあり様を明らかにすることで、問題に押しつぶされ、退職の道を選びかねない教師たちに、違う選択肢のあることを提示できると考える。

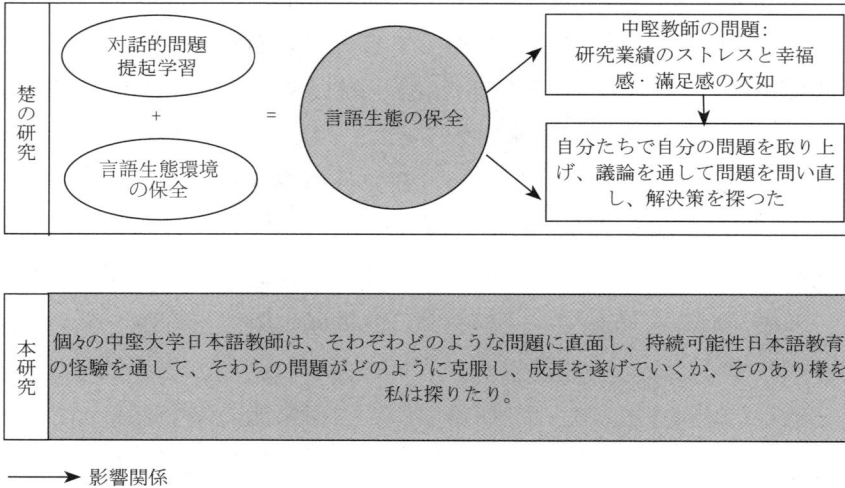

図 3-2　楚の研究と本研究の関連図

【図 3-2 の中の「楚の研究」は楚（2020:1-5, 54-79）をもとに筆者作成】

　以下の節では、持続可能性日本語教育を「Ｄゼミ」で経験しているゼミ生を対象として、彼らの教師としての成長のあり様を探るという本研究の研究課題をどのように研究すればいいか、研究方法について説明をする。

3.2　研究方法

　「ナラティブ的探求」という個別性と文脈を重んじる質的研究手法を採用する。まず、個別性と文脈の重視という点から本研究で「ナラティブ的探求」を援用する理由を述べる。

　「ナラティブ的探求」は教師のナラティブを研究するための研究方法である（Clandinin&Connelly, 2015：徐訳）とされている。そこで、以下では、「ナラティブとは何か」「ナラティブモード」を取り上げ、ナラティブについて述べ、

その上で、「ナラティブ的探求の特徴」としての「三次元（Three-dimension）」を李（2004b）をベースにして説明する。

3.2.1　「ナラティブ的探求」を選んだ理由：個別性と文脈

前述したように、1970 年代から 1980 年代にかけて教師教育研究のパラダイム転換が起きた。その転換は内容面に限らず、研究方法の面にも起きた。

従来型の教師研究の研究方法は、トップダウン型にせよ、ボトムアップ型にせよ、人々の経験をデータに変換し、理論から導き出された仮説との適合性を検証し、分析の結果に基づいて、より説明力のある理論を構築していくとして特徴づけられるものであった（二宮 2010）。このような研究法に対して、李（2017）は、教育研究の領域には馴染まないとして、次のように批判をしている（李 2017：55）。

このような研究方法、特に実証主義的な方法で教師の研究をするとき、普遍性や客観性などを追求する傾向があるが、教育はそもそも一人一人個人の内面で起きることと関連しており、一人一人の成長プロセスなどを無視し、普遍性や客観性だけを追求するのは限界がある。

つまり、従来型の教師研究では、人々の経験がデータとして取り扱われていたため、普遍性や客観性を求める分析方法で分析され、その結果として、誰にでも通用する普遍的な理論が確立されることになる。しかし、教師である前に、一人の人間として、それぞれが置かれている文脈は違っており、個々人が持っている知識や経験も異なっている。そして、そのそれぞれ違っている既有知識や経験は教師の教育活動に当然のことながら影響をもたらすと考えられる。そのため、誰にでも通用する理論を追求するのには限界がある。一般性や普遍性の追求だけでなく、個々の教師に注目して、教師としてのあり様をそれぞれが置かれた文脈につなげて考えることも、教師を理解する点では重要であると考えられる。

普遍性や客観性の追求から個別性への転換が図られていく背景の下で、「ナラティブ的探求」という教師のナラティブを研究するための質的研究方法がConnelly and Clandinin によって提唱された（Connelly&Clandinin 2000）。「ナラティブ的探求」は、従来の研究方法とは違い、普遍性や客観性を求めること

に力を入れずに、研究を教師の一人一人を理解する方向へと導くものであった。

また、「ナラティブ的探求」はデューイ（2004市村訳）の「経験の連続性（continuity experience）」という概念の影響を受けて確立された質的アプローチである。デューイ（2004:39市村訳）では、経験的連続体の概念を以下のように述べている。

すべての経験は、すでに過ぎ去った経験から何らかのものを受け取るだけでなく、これからやって来る経験の質を何らかの仕方で修正する。

李（2004b）は、「ナラティブ的探求」を、デューイ（2004市村訳）の「経験の連続性（continuity experience）」という概念の影響を受けて確立された質的アプローチとして捉え、複雑な文脈で教師の成長を捉えることができる研究法であると主張している。そして、李は、デューイの「経験の連続性の原理」を引いて、あらゆる経験は、本人が望むか望まないかに関わらず、引き続いて起こるものであり、未来の人生にも影響をもたらすこと、そして、そのような絶えず行われる経験の改造は「ライフの本質」であり、「教育」であると主張する。このことは、人が孤立した存在ではなく、社会的文脈の中に存在しており、他者とのつながりの中にいることを意味する。したがって、人の経験は、個人と社会の両方にまたがるものとして捉えられなければならない（末吉2011b）。

私が着目する持続可能性日本語教育における教師成長のアプローチでは、言語の福祉を教師の福祉に繋げて考える。つまり、受講者の日本語の知識や教授法の上達に主眼を置かず、言語を機能させ、自分と世界の人、モノ、コトと関連を紡ぎながら、持続可能な生き方を追求するということをメインにする。したがって、研究者の私は持続可能性日本語教育を経験しているゼミ生の成長を研究するとした時、複雑な文脈、つながりの中で、彼らが教師として、一人の人間として直面している課題や問題を理解し、彼らがどのように自分なりの生き方を考え、追求しているかを私は探求したい。それらはもちろんゼミ生一人一人の個人の経験に関わる。したがって、本研究の研究法としては「ナラティブ的探求」という教師のナラティブを研究するための質的研究方法が適切であると考える。「ナラティブ的探求」は教師のナラティブを研究するための研究方法である。では、本研究にとって、ナラティブとは何か、何故ナラティブが大事である。続いて、ナラティブについての説明をする。

3.2.2　ナラティブについて

今節では、ナラティブの定義や特徴を論じる。

人は、自身の経験や情報を「ナラティフ」に翻訳することで意味を理解したり（Bruner, 1990）、記憶したりしている（Adaval and Wyer, 1998; Schank and Abelson, 1995）。例えば、自身の体験は時系列に沿ったひとまとまりの物語として記憶されるし、抽象度の高い概念は身近な事例などに落とし込む形で理解する。ナラティブは、物語、あるいはストーリーと類似的な概念であり、「最初の状態から最後の状態、あるいはある結果までの、1つもしくは一連の出来事に関する語り手の詳述（Bennett and Royle, 2004）」であると定義づけられている。ナラティブとストーリーはそれぞれ類似的な概念とされ、多くの先行研究では互換的なものとして取り扱われている（Appel and Maleckar, 2012; Grayson, 1997; Volkman and Parrott, 2012）。ナラティフはストーリーである（Shankar, Elliott, and Goulding, 2001）とする研究もあれば、ナラティブとストーリーを厳密に分ける研究もある（Czarniawska, 1998; Van Laer et al., 2014）が、既存研究においてナラティブとストーリーの厳密な違いが定義され、示されている事例はない（安藤, 2015）。ナラティブの構造的な特徴として、①時間軸が存在しておりつながりのある話であることや、②要素間の関係が示され推測される因果関係が存在していることの 2 点が構造的特徴として指摘されている（Escalas, 1998）。本研究では、作例を取り上げて、ストーリーとの区別を述べる上で、ナラティブを定義する。

（1）ナラティブとは何か

ナラティブ（Narrative）は日本語で言えば、「物語」「叙述すること」となる。野口は、ナラティブを以下のように定義している（2009:1）。

ナラティブは、「語る」という行為と「語られたもの」という行為の産物の両方を同時に含意する用語である。

つまり、ナラティブは「語り」と「語れたもの」と、二重の意味を持っている。そして、野口（2009:2）は、「複数の出来事を時間軸上に並べてその順序関係を示すことがナラティブの基本的な特徴」と指摘する。

次に、例 [1] を挙げて、そのナラティブの特徴を述べる。

作例 1（ナラティブ）：今朝、6 時に起きた。朝ご飯を食べてから、大学に行った。途中、友達の花子さんに会って、久しぶりにおしゃべりをした。そうしたら、電車に間に合わなかった。授業に遅れるかと心配していた。

つまり、我々は自分の経験を語る時、必ず一連の出来事を語る。そして、その語りの産物である物語はもちろん複数の出来事からなっている。また、我々の語りは時間順によって語っていくと考えられる。したがって、語りの産物としての物語は順序関係が示される。その一連の出来事の間に順序関係以外に、どのような関係を持っているかは、研究者によって、探るものである。

さらに、ナラティブはストーリーと同じではないが、よく混同される。ナラティブとストーリーの関係に対して、李は、ナラティブを動的でより大きい概念と見なし、それに対して、ストーリーをナラティブの中の一構成要素と見なすとして両者の違いを指摘している（2004b：27）。

本研究では、李のこの指摘を踏襲する。ナラティブをストーリーの上位概念と見なし、ナラティブは様々なストーリーから構成されると捉える。

以上、ナラティブの二重の意味を述べ、また、「語り」と「物語」から構成されるナラティブの特徴、及びナラティブとストーリーの区別を説明した。続いて、何故、私はナラティブに注目するかという理由を述べる。

（2）何故ナラティブなのか

何故ナラティブなのか。「ナラティブモード」をめぐり、その理由を述べる。

ブルーナー（1998：18-19 田中訳）によると、人間の思考様式には「パラディグマティック（論理・科学的）モード」と「ナラティブモード」があり、「それぞれは、経験を整序し現実を構築する特徴的な仕方をもたらしている。その二つは（相補的ではあるけれども）、おたがいに還元されえない」。「パラディグマティックモード」は、複数の出来事の必然的な因果関係を明確に述べる人間の思考様式の一つである。以下に例を挙げて述べる。

作例 2（パラディグマティックモード）：睡眠薬を服用すると、すぐに眠りにつく。

---

[1]　作例 1～3 は　野口（2009）による筆者作成した。

　　時間軸上の独立した二つの出来事としてではなく、ある特定の関係のもとに
いつも起こり得る一般的な出来事として語られる。したがって、特定のある個
人が措定されておらず、誰にでも当てはまることとして語られる。つまり、一
般かつ抽象的な因果を扱う。普通は「パラディグマティックモード」では普遍
的な知識の構築が目指され、それは個別性を超えるものである。したがって、
いわゆる知識や理論の学習は「パラディグマティックモード」の学習である。

　　それに対して、「ナラティブモード」は時間軸の複数の出来事の間にありそ
うな関連を探求に行くという思考様式である。

　　作例3（ナラティブモード）：昨日、睡眠薬を服用した。すぐに眠りについた。

　　まず、特定のある個人が自分の経験や現状について述べている。そして、複
数の出来事には相互関係がありそうだが、その関係は必ずしも必然的なもので
はない。例えば、作例3の場合、話し手は「昨日、睡眠薬を服用した。その後、
ジョギングに行った。大変疲れた。すぐに眠りについた」という一連のことを
経験した可能性がある。この一連の出来事において時間上の順位関係は明らか
だが、必然的な因果関係は示されなかった。「すぐ眠りについた」という事は、
「睡眠薬を服用した」ということにつながる可能性がある。また、「ジョギング
に行った」ことに関連している可能性もある。したがって、「睡眠薬を服用し
た」と「すぐに眠りについた」という二つの出来事の相関関係を探るのは、研
究者に求められることである。そして、作例3には、昨日という特定の時間帯
を表すことばがある。つまり、作例3の場合で示した起き事の関係は、いつで
も、誰にとっても、通用できるわけではなく、特定の時間や対象に限定されて
いる。つまり、「ナラティブモード」は真理を得ることより、経験の個別性を
重視し、「真実味をもたらす」（李 2004b：25）。「ナラティブモード」は自身の経
験や情報をナラティブに翻訳することで、意味を理解する思考様式である（ブ
ルーナー, 1998 田中訳）。

　　本研究は、持続可能性日本語教育における中堅大学日本語教師の成長に注目
する。「Dゼミ」で行われる持続可能性日本語教育は理論などが正面から提起さ
れることはない。つまり、定着した論理・科学的な知識の習得は目指されてい
ない。代わりに、言語の活性化を通して、それぞれの経験や考えを共有しなが
ら、自他の持続可能な生き方を探求することが目指される。つまり、知識や理

論の伝授というより、経験や考えの共有が持続可能性日本語教育の全てである。受講生はそれぞれ自分の経験や考えを言語化し、互いの視点のぶつかり合いによって、自分の経験や考えを捉え直し、自他の持続可能な生き方を探る。したがって、持続可能性日本語教育における思考は従来の「パラディグマティックモード」の思考ではなく、「ナラティブモード」の思考である。したがって、本研究がナラティブに注目するのは適切であると考える。

（3）教師の語ったナラティブ

Connelly and Clandinin（1994）は、教師が語ったナラティブを三つの種類に分けている。それぞれは、「Sacred story」「Cover story」「Secret story」である。日本語教育の領域では、李（2014b）[1]は、Aoki（2010）を引いて、それぞれを以下のように翻訳し、解釈した。

「聖なる物語（Sacred story）」は、多くの人々の意識に深く根ざし、実践を導くと信じられている理論に基づく物語である。教育現場では、そのような「聖なる物語」が数多くあると考えられる。「ごまかしの物語（Cover story）」は、教師が「聖なる物語」の視点に合わせるため、語ったストーリーである。教育現場には「聖なる物語」が主流になるため、教師は常に「ごまかしの物語」を語り、身を守る。「秘密の物語（Secret story）」は「教師が体現する物語」である。

李では、ある新人の日本語教師を研究対象として、ナラティブ的探求を援用し、その成長を探った。研究対象は新人教師であるため、李は探求の重点を専門性の発達に置いている。そして、教師は生涯成長していくため、外部の知識より、自分の実践を振り返ることを通して獲得する「個人的実践知」を尊重することを強調している。そのため、李の研究において、生き直した教師のナラティブは教師の教育実践に関係しているものである。李は教師のナラティブ、特に「聖なる物語」を解釈するときも、教師のナラティブと実践の関連を示し、教師のナラティブは彼らの携わる教育実践につながると主張している。

本研究は、中堅大学日本語教師を研究対象として、持続可能性日本語教育の受講を契機とした教師の成長を探るものである。中堅大学日本語教師の直面する問題は教室内の問題に限らず、「仕事と家庭の両立が困難」「教育改革の中核

---

① 李（2014b）の詳細を、3.2.4. で論じる。

を期待されるのが負担」など教室外の問題と深く関わっており、そして中堅教師の教師としての成長に影響をもたらすと考えられる。したがって、本研究は教師の成長を探る時、教師活動に限らず、人間活動も視野に入れたものである。だからこそ教師の語ったナラティブも教育実践に導く物語と限定しないのである。

3.2.3　「ナラティブ的探求」の特徴

「ナラティブ的探求」は、他の質的研究手法と区別される二つの特徴を持っている。

一つはコラボレーションであり、もう一つは三次元である。

「ナラティブ的探求」では、フィールドにおける研究参加者のナラティブを研究者が収集して分析するという考え方を前提としない。代わりに、ナラティブそのものが研究参加者と研究者とのコラボレーションのプロセスであり、結果であるとする。「ナラティブ的探求」は研究者自身も研究の全過程において研究対象となるアプローチである（李 2004b）。

「ナラティブ的探求」には研究者と研究参加者とのコラボレーション以外に「三次元（Three-dimension）」という特徴がある。

それぞれは、第一次元の過去、現在、未来の時間的な「連続性（continuity）」、第二次元の個人と社会の「相互作用（interaction）」と第三次元の特定の具体的な状況を示す「場（situation）」である（田中 2011:81）。以下に詳しく説明をする。

（1）「連続性」

まずは、時間的な「連続性」である。Clandinin&Connelly（2006 張訳）では「ナラティブ的探求」が常に過去、現在、未来という時間的な連続性にある特性を指摘している。その時間的「連続性」について、末吉（2013b:9）は「過去は現在へと続き、それらはそのまま、まだ見ぬ未来へと続いていく」と指摘している。つまり、研究者が研究参加者のナラティブを理解するには、過去、現在、未来という時間の流れの中に行ったり来たりすることが大事であるとされる。したがって、私は研究参加者のナラティブを研究する時、それぞれの物語はどういう時期に、どのような状況下で起きていたのかを、私は研究参加者と何度

も話し合いながら捉えていくことを心掛けた。例えば、ヤンさんと香ちゃんの語った物語は、私たちの間で繰り返し話し合いが重ねられ、その間、何度も語り直され、その都度、作り直されてきた物語である。それらの経験の物語は彼女たちの過去の経験から生まれて、また彼女たちの未来の経験として生み出されると私は信じる。さらに、研究参加者の経験の物語を生き直し、書き直すと同時に、私においては自分の過去の経験が蘇り、さらに未来に向けて考える。それも時間的な連続性の考えである。

（2）「相互作用」

次に、「相互作用」という概念である。相互作用は個人と社会（Personal and social）の関係のあり方を指している（Clandinin&Connelly 2000）。Clandinin&Connelly（1994:413）は「inward」と「outward」ということばを使って、これを説明している。李（2004b）はClandinin&Connelly（1994）を引いて、inwardは個人の内面的状況、例えば、feeling、希望、美学的反応、精神的な傾向などを指し、outwardは実存的な状況、環境的なことを指すと指摘している（2004b:89）。Clandinin&Connelly（2006張訳）は研究過程においても、研究した結果においても、個人と社会両方の意味を強調する必要があると指摘している。そこで、研究する時、私は研究参加者のヤンさんと香ちゃんの個人を理解するためには、それぞれを取り巻く環境や社会からの影響も重視することにしたい。

（3）場

さらに、「場」というのは、「経験」や「ナラティブ」のどれも特定の場所で起きていると考えられる。（Clandinin&Connelly,2006張訳）では、研究者が研究参加者の話す内容、つまり参加者のナラティブについて、どのような場でどのような状況かをよく理解できているかどうかが大切だと指摘している。李（2004b）では、「場（situation）」を「置かれる場」という日本語に翻訳し、教師の専門知を研究する場合、教師の実践はどのような場で起きているか、つまり、その実践がなされる学校や教室についての物理的描写が大事だと指摘する。また、末吉（2011b）では、インタビューの場合であっても研究者が協力者の話す内容について、インタビューがなされている場は、どのような場でどのような状況かをよく理解できているかどうかが大切であると述べている。本

研究では、中堅教師の問題を教室内の問題に限定しないことから、大学や教室内の物理的描写の代わりに、当該ナラティブがどのような場で起きた出来事なのかという意味での「場」に注目する。

　このように、本研究は「ナラティブ的探求」を援用し、「三次元」の中で、持続可能性日本語教育における中堅大学日本語教師の成長を探る。

3.2.4　日本語教育の領域で「ナラティブ的探求」を援用した李の研究

　「ナラティブ的探究」は決まった手順を持たず、研究者は自分の研究の特徴によって、研究を行いながら、自分なりの方法論を作っていくこととされている（李 2004b）。「ナラティブ的探究」の先行研究では、例えば、日本語教育の領域の研究に本格的にこの手法を援用した李（2004b, 2006, 2011, 2013）に典型的なように、授業場面の観察を軸としたフィールドワークを行い、そこで得られたフィールドノートをメインデータにして、リサーチテキストを作るというやり方が主流である。李（前掲）は一人の新人日本語教師である涼子さんの教育実践、そして、彼女の「個人的実践知」を「ナラティブ的探究」を用いて、記述し、探った。そこで、「私語」を許す実践の裏に涼子さん個人の人生経験、そして過去の日本語教育の実践に根付いている彼女の「個人的実践知」に触れることができた。それが、教室での教師の権威を避け、学習者を人間として、学びの主体として十分に尊重する実践的知識として反映される。しかし、「技術性」が強調される「聖なる物語」というものが涼子さんのいるコミュニティにあり、教師たちはそれに影響され、日本語教育の「技術性」を強調するような「正当化ストーリー」を語り合うようになっている。それに影響され、涼子さんは日本語教師としての「専門性」に自信が持てなくなってしまう。プロジェクトワークは同僚とのチームティーチングの中心であり、彼女の授業はもちろんプロジェクトワークの形で行われる。しかし、学習者が、プロジェクトワークの授業形態に抵抗して、いい加減な態度で授業を受けた。授業中、教師に対しては、学習者たちはプロジェクトワークのために資料を収集してくると言ったが、教室を出ると、教室に戻ってくることはなかった。このような「彼女たちが帰ってこない」のストーリーを経験した涼子さんは自分の実践を厳しく見

つめて反省し、学習者のフィードバックから、この「病因」は学習者の日本語の基礎体力が不足しており、そのためにプロジェクトワークに参加できなかったことが分かった。「病因」を見つけた涼子さんは同僚の先生との間で、学習者の日本語の基礎体力不足という実情があり、プロジェクトワークというより彼らが慣れた「文型積み上げ」式の授業を行い、自信をつけてあげるのがよいという「秘密の物語」を分かち合った。そして、同僚の先生と涼子さんは見解が一致した。このように、涼子さんはチームティーチングの危機から脱出し、学習者の実情に合わせて、「文型積み上げ」式の授業をやりはじめた。その後、涼子さんの教室風景が一変し、いい加減に授業を受けていた学習者たちは、積極的な姿勢で日本語学習に取り組むようになった。これは涼子さんが求める「心の流れがある」授業である。

李は涼子さんのナラティブを通して、教師が生涯成長していくような「反省的実践家」になるために、教師の「個人的実践知」を尊重することを主張し、また、教師同士が素直にお互いの実践の「秘密の物語」を語り合うことを提言した。

李の研究では、新人教師である涼子さんの成長を専門性の発達として捉えている。そのため、どのように学習者との間で「心の流れがある」授業が展開できるようになるかが探究の中心となった。したがって、観察も授業場面の観察がメインとなり、涼子さんのその他の人間活動のあり様やそれらと教室実践との関連は追求されていない。しかし、私が探究したい中堅大学日本語教師にとっては、楚（2020）の研究でも見たように、専門性の発達という視点からだけでは対処できない問題に直面していることが分かっている。

そこで、本研究では、中堅大学日本語教師の問題を専門性の問題に限定せず、教師としての活動とそのほかの人間としての活動はつながりを持っているという認識の下に、そのつながりの見え方を可視化し、そのつながり方を、自己を起点にして変えていくこととして、中堅大学日本語教師の成長の軌跡を見たい。したがって、授業場面の観察によって書かれたフィールドノートをデータにするだけではデータとして足りない。持続可能性日本語教育の目標は、言語能力の向上というより、それは副産物であり、言語の活性化を媒介にした持続的な生き方への探求がメインにされている。言語の活性化とは、言い換えれば言語

生態の保全である。そのため、内的言語生態場における言語の保全という点からとりわけ内省（振り返りの記述）が重視されており、「Dゼミ」の振り返りを書くことやそれを「Dゼミ」（外的言語生態場）で共有することが意識的に追求されている。したがって、本研究のデータとして、フィールドワークによって得られたフィールドノーツではなく、中堅大学日本語教師が日々書く振り返りの記録をメインにする。

3.3　本研究の研究課題

　本研究は、中堅大学日本語教師は、それぞれどのような課題に直面し、持続可能性日本語教育を受講してから、その課題をどのように克服し、教師としての成長を達成しているのかを個々の教師に着目して明らかにすることを研究課題とする。その際、私自身が中堅大学日本語教師の一人であることを踏まえ、私自身も研究参加者とみなす「ナラティブ的探究」という研究手法を援用し、個々の教師の成長に着目する質的な研究を行うこととする。

第4章 本研究の理論的枠組み：言語生態学

　第3章で述べたように、本研究の理論的出発点は持続可能性日本語教育における教師成長のアプローチである。持続可能性日本語教育は言語生態の保全・育成の一つの形である（岡崎2009a）。つまり、言語生態学は持続可能性日本語教育の理論的基盤である。そのため、言語生態学を本研究の理論的枠組みと位置づけ、本章で詳細に述べる。まず、言語生態学の定義を提示し、つぎに、生態的リテラシー、言語生態学の基本的な見方、内省モデルを取り上げ、最後に、言語生態学を理論的枠組みとする教師教育実習のまとめる。

4.1　言語生態学とは

4.1.1　言語生態学の定義とその目的

　言語生態学は、Haugen（1972:325）によって、「Language ecology may be defined as the study of interactions between any given language and its environment」と定義される。岡崎（2009a:3）では、それを「言語生態学は、ある所与の言語とそれを取り巻く環境との間の相互交渉的関係の学である」と訳されている。

　前述の定義に基づき、岡崎（2009a:5）は言語生態学の目的は第一に、言語生態・言語生態と環境間の関係の記述・分析であり、第二に、言語生態・言語生態と環境間の関係の保全と育成にあたることである。そして第三に、言語の生態と人間の生態の緊密な関係を明らかにし、人間の生態学として形成・展開することであると述べる。

4.1.2　言語生態学の研究領域

言語生態学は「心理的生態領域・社会的生態領域と両者間の相互交渉的関係」岡崎（2009a：4）を研究するのである。

心理的な領域とは、バイリンガルや多言語使用車の知識、精神の中での、ある言語と、ほかの言語との相互交渉的関係の領域を指す。社会的な領域とは、ある言語と、その言語がコミュニケーションの手段として機能する社会との間の相互交渉的関係の領域である。言語と社会との間の相互交渉的関係の2つの領域は、言語生態学のその後の展開の中で、心理的生態領域および社会的生態領域としてとらえられてきているものである。

4.2　言語生態学の言語観と能力観：生態学的リテラシー

言語生態学におけるリテラシーは、生き方のベースとしての基本的な能力を指す（2009a：65）。持続可能性教育としての日本語教育は、グローバル化の下で変動する世界の中で、雇用や食糧など、ライフラインを中心とした揺れに対して、個々人がどのような持続可能な生き方を追求していくかについて考え、そのために読み、話し、聞き、書くことを通じて日本語能力を併せて形成していくものとしている岡崎（2009a： 72）。つまり、生態学的リテラシーを持続可能性日本語教育の目標としている捉えている。

4.2.1　言語生態学の言語観と能力観

従来の日本語教育のあり方は、言語を使い手である人間や教室外の社会における言語活動と切り離して展開するものとしている。つまり、ここでの言語観は言語の意味があらかじめ存在し、人間活動と切り離れているものと捉えている。そのため、日本語教師は二つの言語能力「一つは日本を客観的に把握できる能力であり、もう一つは日本語を運用することのできる能力」への追求に重点を置いている（水谷 2005：806）。その従来の言語観に対して、言語生態学では、言語を使い手である人間と離れて単体で存在するものとして考えず、言語と人間を一体化した総体として見る。「人の生き方と結びつけられることでは

じめて言語の意味は生成される」（岡崎 2009a：5）と考える。つまり、言語活動を人間活動と離れず、一体化にしてと捉えている。協働の中で他者との対話を行うことにより、言語の意味が創造されていくことは生態学的言語観の基本的な見方である。言語生態学では、言語活動が行われる場を「言語生態場」と呼び、人とのやり取りの中で言語を用い、人の意識の中にも言語の交渉があると考える。「言語生態場」には、「外的言語生態場」と「内的言語生態場」に分けている。「外的言語生態場」は社会的相互作用を行うやりとりが生み出す生態場であり、「内的言語生態場」は意識の中で自問自答のような対話を行う生態場である。この「言語生態場」では、自己や他者との対話を通して、言語は人間の生き方と結びつき、意味も生成される。

　このように、言語生態学には他者との協働と相互交渉を言語観の基盤とする。言語の意味の生成は人間活動と切り離して捉えない。その点、言語生態学の能力観も同じである。岡崎は、能力の見方には二つあるとする。ひとつは、「孤立実体」観であり、もう一つは、「生態学的諸関係によって構成されている能力」観である（岡崎 2009a： 29）。「孤立実体」観とは、生得的あるいは努力によって形成された能力がその個人に具わっていると考える能力の捉え方である。グローバル化世界の下、社会は変動しつつあり、従来の 「孤立実体」 観は、ある個人の置かれた環境とそれを形作っているコト、モノ、人を含む様々な関係、つながりを見ないと考えられる。岡崎（2009）は、このような能力観の下で、言語は形骸化し、想像力が縮退化した結果、世界がなぜこうなっているのかが見えにくくなっていることを指摘した。

　もう一つの能力観は、個人を取り巻くコト、モノ、人との多様で多次元的な関係の中、様々な試行錯誤を繰り返す中で、固有の生態学的関係が形作られることによって形成されるとする「生態学的諸関係によって構成されている能力観」である。言語生態学は後者の能力観を支持している。

　楚（2020）は、「トレニーーグ型教育」は、教師と教師自身の現場における活動から切り離して展開するため、教師は、知識や技術を伝達することがその役割とされ、教授法を向上することのできる能力が求められる。それに対して、これまでの「成長型教育」は、教師を教師自身の現場における活動に繋げて考え、「経験、内省、実践」（李 2004, 184）というサイクルを繰り返し、自律的に

成長していくことを主張する。しかし、ここの能力観は、教師個々の人間活動から切り離されたものであり、言語を使い手である人間から分離して単体で存在するものとして考えられている（楚，前掲）。

　言語生態学を基盤とする持続可能性日本語教育は、言語そのものを身につけることというより、言語を用いて世界を認識し、生き方を探ることを主眼を置かれている。言語生態学的に考えると、教師の成長を考えるにあたって、専門的能力を身につけていく過程で知識、能力、資質を獲得するではなく、教師が教え、学ぶ状況、社会文脈から切り離せない（鈴木 2013）。この見方に基づき、持続可能性教育としての言語教育は生態学的リテラシーの育成を学習の目標とする（岡崎、2010）。生態学的リテラシーとは、①世界はどうなっているか（生態学的世界認識）。②そのような世界でどのように生きるか（生態学的行動基準）。③人とどのようなつながりを作っていくか（生態学的人間関係）。④これらの問いの下にある自分とは何か（生態学的アイデンテイテイー）によって形作られ、以上の四つの問いを手掛かりとして、「同じ問いに繰り返し立ち戻りながらも、その過程で新たなつながりを価値づくることを通して、より高い次元、より広い視野に進んで」（岡崎 2009:65 - 66）いきながら紡いでいくものである。

4.2.2　生態学的リテラシーの定義

　リテラシーとは、従来にはには識字能力、つまり人間の読み書きの能力を指す。その後、徐々に拡大されてきて、現在では、ある分野に関する知識や能力を指す。例えば、経済学リテラシー、コンピューターリテラシーなど個別の領域における基本的な能力や知識。それに対して、言語生態学におけるリテラシーは、生き方のベースとしての基本的な能力を指す（2009a:65）。変動する社会の中で求められる様々な危機や事態を処理できるのうりょくである。

　生態学的リテラシーとは、岡崎では以下のように定義されている。

　生態学リテラシーとは、言語・人間・自然相互の間のトータルエコロジーの育成を目指して、生態学的世界認識、生態学的行動基準、生き方、生態学的人間関係、生態学的アイデンティティー、生態学的意思が相互につながりながら、らせん的に形成されていくリテラシーとしている（2009a:66）。

岡崎（2009a）によると、生態学リテラシーは二つの次元を持つ。第一に、言語・人間・自然生態系のうち、人間生態系を焦点に形作られていくものが類個のリテラシーの次元である。第二に、言語・人間・自然三生態系のうち、自然生態系を焦点に形作られていくのが宇宙・生命個のリテラシーである。類個のリテラシーとは、個人としての生き方が人類の一員としての生き方という視点から見るとどのような位置を持ち、どのような性質の下にあるかについて考え、実践していくことを軸として形成されるリテラシーである。本研究は、教師の成長を取り上げる研究であるため、第一の生き方、人間関係、アイデンティティーを繋ぎながら形作っていくという類個のリテラシーに着目する。岡崎（2009a）によよると、生態学的リテラシーを構築する諸力は以下のように示す。

第一に、世界のコト・モノ・人の関連をとらえる力。

第二に、より緊密には、世界のコト・モノ・人の関連を、自己の生き方と主体的関連の下に、自己を起点として視野を拡大しつつとらえてゆく力。また世界のこれら「諸関係をとらえる力である想像力」の育成によって、特に、世界に存在するリスクが自他の間で共有されていることの認識、自覚を媒介とした、他者の視座を感知しつつとらえる力。

第三に、世界のコト・モノ・人のつながりと自己をつなげてとらえる力。したがって、世界がどうなっているかに関する知識プロパーの把握力ではない。

第四に、世界のコト・モノ・人を4つの問い「世界はどうなっているか」、「そのような世界の中でどのように生きていくか」、「そこで人とどのような関係を作っていくか」、「私とは何か」の契機からとらえ、生態学的諸関係をこの4つの問いの契機に沿って形作る力。

第五に、以上の諸力により、世界のコト・モノ・人の、つながりの原初形態としての自己と世界の紡ぎ方を変える力、又、その力に基づき、生態学的自他支援システムを形作っていく力。これはまた、世界的な変動に対する自他の防衛に対応する生態学的自他支援システムを形作って言う力と言うことができる。

以上を統括する世界のコト・モノ・人の関連を想像力によってとらえる力。

4.2.3　生態学リテラシーの育成

岡崎（2009a）は、生き方の基礎となる基本的な能力を生態学リテラシーと

名づけ、持続可能性日本語教育の目標としている。生態学リテラシーを支える
キー概念は「想像力」と「視座」である（鈴木 2013）。

岡崎（2009a:68）は、「想像力」を次のように定義している。

創造力とは、自己を起点として「自己との関わり」で世界のコト、モノ、人
の相互の間につながりを捉　えていく力として、生態学的リテラシーを形作る
中核をなすものとされている。

まず、人間・自然生態系の中のコト、モノ、人（＋生物）相互の間に、つな
がりを捉えていく力である。次に、見る主体である自己を起点にして、自己の
生き方（行動基準・倫理）、自己と人、生物とのつながり方、自己とは何かの
捉え方との関連（relevance）で、上記のコト・モノ・人（＋生物）の相互の間
につながりを捉えていく力である。

また、視座とは、他者の視座を自己の視座に含み込みながらその視野を拡大
していく力が強調されているように、世界のコト・モノ・人と自己の間にある
つながりを捉える世界認識と関係が深い。自分に見えるものだけを見ていれば、
その視座はおのずと限られてしまう。自分には見えていなくても他者には見え
ている世界の実在を認識した上で世界を見、世界の中のコト・モノ・人と自己
の関連を有機的に浮かび上がらせていくことができれば、人の視座は、もとも
との視座からはるかに大きくなり、つながりが可視化され、生態学的視座を構
成していくことができる。

岡崎（2009a）は、人間社会、自然生態系の変化の中で、持続的な生き方を
自分なりにどのように築き上げていくかの問いと、世界に対する認識を関連づ
けることによって、変動する世界を能動的に認識し、必要に応じてその認識を
修正・改善する過程を形作り、具体的に実践していく能力のことと指摘した。
具体的には、「世界はどうなっているか」という世界認識、「そこでどう生き
ていくか」の指針となる行動基準、「どのような人間関係を形作っていくか」
の人間関係、「私とは何か」のアイデンティティーに関連する各問いを繰り返
し問いながら、らせん的に形成していく生態学的リテラシーである。日本語教
師の生態学的リテラシーを獲得することは、自己を起点として、世界のコト・
モノ・人と自己の関係を認識しながら、日本語教師のもともとの視野が大きく
なり、生態学的想像力を形成していくことができる。

4.3　データの収集

　本研究は教師のナラティブを取り上げ、「ナラティブ的探求」を援用し、分析する。ナラティブのデータはフィールドテキストと呼ばれ、種類が多様である。物語、自叙伝、ジャーナル、フィールドノート、手紙、会話、インタビュー、家族の話、写真、人生経験などのテキストをデータ源として扱われる(Clandinin&Connelly 2000:101)。

　日本語教育の領域では、「ナラティブ的探求」を援用した実践研究として、李(2004a, 2004b, 2006, 2011, 2013)、末吉(2011, 2013a, 2013b)、中井(2015)、楊(2016)が挙げられる。以上の先行研究では、教室内外のフィールドノート、参加者との様々な話し合い、インタビュー、筆者による日記、研究参加者と交換したEメール、研究計画書が数えられる。次は、以上の先行研究を踏まえて、本研究のデータの収集を述べる。

　本研究のデータは振り返り、インタビュー、フィールドノート、「Dゼミ」の音声データ、ウィーチャットのやり取り、研究参加者の発表資料、図の6種類からなっている。

4.3.1　振り返り

　先行研究を調べてみると、研究参加者に書かれた振り返りや内省文を「ナラティブ的探求」のデータとする研究は管見の限り見当たらない。それは、従来の「ナラティブ的探求」を援用する実践研究では、フィールドワークが主流であるため、観察によるフィールドノートをメインデータとするからと考えられる。前述した李(2004a, 2004b, 2006, 2011, 2013)では、新人教師である涼子さんの成長を専門性の発達としている。そのため、どのように授業を展開するか探究の中心となった。観察も授業場面の観察がメインとなるため、観察によるフィールドノートをメインデータとした。序論で述べたように、持続可能性日本語教育の目標は、言語能力の向上というより、それは副産物であり、言語の活性化を媒介にした持続的な生き方への探求がメインにされている。言語の活性化とは、言い換えれば言語生態の保全である。そのため、内的言語生態場における言語の保全という点からとりわけ内省(振り返りの記述)が重視されて

おり、「持続可能性日本語教育」というゼミの授業後の振り返りを書くことや
それを「持続可能性日本語教育」というゼミ（外的言語生態場）で共有するこ
とが意識的に追求されている。したがって、本研究のデータとして、フィール
ドワークによって得られたフィールドノートではなく、教師が日々書く振り返
りの記録をメインにする。本研究では、ヤンが 2015 年 4 月から、2019 年 7 月
にかけて、週に一回のペースで学期中に書かれた振り返りを収集した。合計 A4
サイズの 44 ページである。香の場合、2014 年 11 月から 2017 年 7 月にかけて、
週に一回のペースで学期中に書かれた振り返りを収集した。合計で A4 サイズ
の 54 ページとなった。

4.3.2　インタビュー

まず、末吉（2013b:19）は、「Clandinin&Connelly は著書の中で必ずしも
フィールドワークが必要であるとは言ってはいない」と指摘している。近年、
日本語教育の領域では、フィールドワークをせず、インタビューを主要な手段
として、研究参加者にインタビューをし、その文字起こしをメインデータとす
る実践研究（末吉 2011, 2013a, 2013b）、（中井 2015）、（楊 2016）が見られる。

末吉（2013b:6）では、ナラティブのインタビューについて、以下のように
述べる。

自分がなされた「ナラティブ的探求」のインタビューは決して自分から参加
者への一方的なものではなくて、研究者としての自分と参加者が「心の中の物
を見せ合うように積極的に語り合い」の結果、すなわち、インタビューで得ら
れたナラティブは自分と「参加者が協同で構築」されたものである（p6）。つ
まり、「ナラティブ的探求」のインタビューでは、研究者と参加者のコラボレー
ションが大事だ。

次に、楊（2016:72）は O'Connor を引いて、「ナラティブ的探求」のインタ
ビューはジェネラティブ（generative、生成的）・インタビューであると指摘
する。その詳細を、楊（2016）は以下のように述べている（2016:72）。

つまり、前のインタビューの分析がなされた上で、次のインタビューに行
く。なされた分析の結果や新たに浮かび上がったテーマによって、次のインタ
ビューのテーマや質問項目を調整する。このような方法を援用すれば、インタ

ビュイーの「心」の声に近づき、さらにインタビュアーのフィードバックによっ
て、インタビュイーの新たな内省が促される。（筆者訳）

　同じ考えが中井（2015）でも見られる。以下に引用する（2015:20-21）。

　一回目のインタビューの後、まずインタビューでの内容と研究者の理解をま
とめて記述したものをメールでインタビュイーに送信し、その内容を確認して
もらい、続いて、それを踏まえた上で2回目のインタビューを行い、研究者が
送信した記述を読んでどう、感じたのかについて話し合うと述べる。

　このようなインタビューの仕方は「ナラティブ的探求」の「ボトムアップ型
の研究 [①]」（李 2011:239）という趣旨に合致する。さらに、中井（2015）は、信
頼関係作りと倫理的配慮の重要性を指摘する。「気軽な雰囲気を作り、参加者
は、触れたくないことを言わず、公表したくないことはデータから削除する」
（中井 2015:20）という「ナラティブ的探求」のルールを述べた。

　以上の先行研究の知見を踏まえて、本研究はヤンと香を対象にして、それ
ぞれ、ヤン、4回、合計240分、香、5回、合計365分のインタビューを行っ
た。上述の先行研究と違って、本研究は、インタビューのデータを補充データ
とする。本研究では、振り返りに不明なところやさらに知りたいところがあれ
ば、インタビューをするとして、研究参加者と一緒に振り返りを読みながら、
ナラティブを生き直し、解釈していく形をとる。実際にインタビューをしたと
き、私は研究参加者とのコラボレーションを大事にし、一方的な質問の代わり
に、研究参加者とお互いの経験を交換することを重視した。私から、研究参加
者に自分の経験を話す場面もあった。そして、私が語ったナラティブもインタ
ビューデータの一部になる。また、参加者が共有した経験に対して、積極的に
フィードバックをして、自分の感想や視点を共有し、参加者の内省を促すこと
に努めた。次に、参加者の深いところの話を聞かせてもらうために、気軽な雰
囲気を作り、インタビューは全て参加者の母語、中国語で行われた。さらに、
インタビュー後、インタビューの録音を文字起こし、そして日本語に訳した。
続いて、データの訳文も分析も研究参加者と一緒にチェックしながら、検討し
た。このような作業を通して、私はヤンさんと香ちゃんに対する認識が更新で

① 従来の研究と違っており、はっきりとした仮課題を持たず、関心を引かれた現象から出発す
　る。そして、一つ一つの現象の間の関連を見つけながら、その裏に隠された物事の真実性や
　深い意味を探る。

き、研究の焦点も絞られた。他方、私との共同作業を通して、ヤンさんも香ちゃんも自分の経験を見つめ直す機会を得ることができ、インタビューでは、自分の経験を何度も語り直すことが見られた。その語り直したストーリーは、私との共同作業の産物である。

表 4-1　インタビューの日付と時間

ヤンさん	香ちゃん
2018 年 6 月 19 日（55 分） 2018 年 7 月 11 日（65 分） 2018 年 12 月 4 日（60 分） 2019 年 7 月 15 日（60 分）	2019 年 7 月 24 日（50 分） 2019 年 9 月 27 日（70 分） 2020 年 2 月 4 日（75 分） 2020 年 2 月 10 日（90 分） 2020 年 2 月 16 日（80 分）

4.3.3　フィールドノート

フィールドワークによる場面観察の記録はフィールドノートと呼ばれる。日本語教育の領域では、フィールドノートをメインデータとした研究として李（2004b, 2006, 2011, 2013）がある。4.3.1 で述べたように、本研究では、振り返りをメインデータとし、フィールドノートを補充データとする。本研究のフィールドノートは、授業場面の観察ノート、研修参加者との日常会話の記録、インタビュー後に私よって書かれたノートからなる。

4.3.4　音声データ

「D ゼミ」の音声データも本研究のデータの一部として使う。私が収集した「D ゼミ」の音声データは 2015 年前期の「D ゼミ」の録音と 2017 年 4 月から 2020 年 9 月までの「D ゼミ」の録音である。「D ゼミ」では日常的にゼミ活動が録音されており、その録音にはゼミ生はいつでも自由にアクセスでき、内省の資料として使われている。「D ゼミ」の希先生と受講生たちの承諾を得て、それらの音声データを文字起こした。

以上のデータのほかに、本研究では、ヤンさんによって書かれた図 1 枚、ヤ

ンさんとのウィーチャットのやり取り1回、ヤンさんの「Dゼミ」での発表資料1回分をデータとした。

4.4　教師の福祉を目指す教師成長のアプローチ：同行者としての教師

「同行者としての教師」は言語生態学を基盤とする教師成長のアプローチである。

前述した通り、言語生態学では、「言語の生態の福祉（well-being：あり方のよさ）の状況は言語話者の生態の福祉（well-being）の状況に直結する。すなわち、教師の抱える問題は人間生態の問題であり、言語生態の保全を糸口として人生態の問題を解決することを提唱する。その考え方に基づいて、岡崎（2010）は学習者と共に持続可能な生き方を最大限模索し考える持続可能性教育としての言語教育教師を「同行者としての教師」の概念をもって提示した。

グローバル化の社会変動の下で、人間は食糧や雇用面での生活基盤の揺らぎに直面している。それに対して、持続可能性日本語教育では、学習者が世界の構成や生起したリスクを理解し、生きていくための手立てを講じることによって持続可能な生き方を模索することを目指す。持続可能性日本語教育に携わる日本語教師は、前述の世界の構造や持続可能な生き方を学習者と共に模索する「同行者としての教師」である。具体的には、自分自身の生き方と現在の世界の変動を同時に捉え、教師である前に一人の人間としていかに生きるかという問いと向き合うことを意味する（岡崎2010）。したがって、「同行者としての教師」の成長の仕方は従来の教師養成の仕方と異なると考えられる。具体的には、従来の教師教育の眼目は「日本語を正確に理解し的確に運用できる能力」を身につけることに置かれる（日本語教員の養成に関する調査研究協力者会議2000）。一方、「同行者としての教師」を目指した教師教育では、今ここで生きる自分たちがいかに持続可能な生き方を追求するかということを俎上に乗せる。すなわち、持続可能性日本語教育は人間としての生き方（人間活動）と教師職（教師活動）両者一体化した教育であると捉える（岡崎2010）。持続可能性教育としての言語教育において、教師も学習者に同行する学び手となり、そ

こでどのように生きることが自分にとって持続可能な生き方なのか、模索する。それによって、自分自身とが学習者、そして世界を構成する人々のより良い福祉を追求するのである。

　したがって、教師についての研究はただ理論の開発や実践の向上に主眼をおくというより、教室内の問題を人間活動に繋げて、教師の人間としての福祉の向上に重点を置くことの重要性を確認したい。

第 5 章　研究構成・調査フィールド

　第 5 章では、まず、研究の目的と研究構成を提示する。次に、本研究の研究フィールドとなる「D ゼミ」では、在職日本語教師向けの教育実習はどのように実施されているかを詳述する。本研究の研究参加者、データ収集、分析の仕方を述べる。

5.1　研究目的と研究構成

5.1.1　研究の目的

　第 1 章では、まず、中堅大学日本語教師は、政府主導の教育改革のリーダー的役割を期待される一方で、教育業績に加えて研究業績が重視され、ワーク・ライフバランスが取れず、仕事と家庭の両立が困難になるといった課題に直面していることを述べた。しかしながら、そうした中堅大学日本語教師の課題を直視し、その解決に向かう教師たちの取り組みを促し支える役割を教師研修が十分に果たしているとは言えない現状を見た。特に、教師「成長型」の教師研修として高く評価されている全国大学日本語教師研修会においても中堅大学日本語教師に焦点を当てた研修は提供されておらず、教師の成長が、専門性の向上という一点から論じられている限界を指摘した。

　以上の問題を踏まえて、本研究の目的を示した。具体的には、中堅大学日本語教師の成長を支える教師研修の構築を目指し、本研究では、中堅大学日本語教師が、どのような課題に直面し、その課題をどのように克服し、教師としての成長を達成しているのかを明らかにすることを目的とすることを述べた。さらに、中堅大学日本語教師の一人である私自身も研究の参加者とみなす「ナラティブ的探究」という研究手法を援用し、個々の教師の成長に着目する質的な研究とすることを述べた。

5.1.2　研究構成

　教師は、教育実践に携わる中でたくさんの問題にぶつかり、それを克服しながら成長していく。教師としての経験を重ねる中で、各ステージに合わせて、教師の発達課題は違っていると考えられる。中堅教師で考えると、彼らは多くが組織の中でリーダー的役割を期待され、同時に家庭では子育て中であり、いわゆるワーク・ライフバランスの問題に直面する。ところが、教師の成長を論じる場合、従来、このような発達課題の違いが無視され、その結果、教師の専門性の発達という一つの観点からのみ論じられてきたと考える。教師研修も、対象が新人教師であれ中堅教師であれ、専門性の向上を内容とするものが多い。成長を求める中堅大学日本語教師にとっては、研修によるサポートが十分ではなく、途中で挫折し成長を諦めるものも出てくるなど、現実は厳しいと言える。

　そこで、本研究は、中堅大学日本語教師に焦点を当て、この教師たちの支援の在り方を探ることを目的とする。そのための第一歩として、中堅大学日本語教師は、どのような課題に直面し、その課題をどのように克服し、教師としての成長を達成しているのかを明らかすることを研究課題として設定した。その際、私自身が中堅大学日本語教師の一人であることを踏まえ、研究者自身も研究参加者とみなす「ナラティブ的探究」という研究手法を援用し、一般性や普遍性の追求ではなく、個々の教師の成長に着目する質的研究を行うこととする。

　本研究は 7 章から構成されている。

　第 1 章では、まず、中堅大学日本語教師は、政府主導の教育改革のリーダー的役割を期待される一方で、教育業績に加えて研究業績なども重視され、ワーク・ライフバランスが取れず、仕事と家庭の両立が困難になるといった課題に直面していることを述べた。しかしながら、そうした中堅大学日本語教師の課題を直視し、その解決に向かう教師たちの取り組みを促し支える役割を教師研修が十分に果たしているとは言えない現状を見た。特に、教師「成長型」の教師研修として高く評価されている全国大学日本語教師研修会においても中堅大学日本語教師に焦点を当てた研修は提供されておらず、教師の成長が、専門性の向上という一点から論じられている点で限界のあることを指摘した。

　以上の問題を踏まえて、本研究の目的及び研究課題を示した。具体的には、中堅大学日本語教師の成長を支える教師研修の構築という目的の下に、本研究

では、中堅大学日本語教師が、どのような課題に直面し、その課題をどのように克服し、教師としての成長を達成しているのかを明らかにすることを研究課題とすることを述べた。さらに、中堅大学日本語教師の一人である私自身も研究の参加者とみなす「ナラティブ的探究」という研究手法を援用し、個々の教師の成長に着目する質的な研究とすることを述べた。

第 2 章では、私の「学び、仕事、研究」にまつわる個人史を述べ、本研究の個人的出発点を明らかにした。

第 3 章では、本研究の理論的出発点について述べた。まず、本研究の研究関心と深い関連を持っている教師教育研究のパラダイムの転換と日本語教育における教師成長アプローチの発展を概観した。続いて、持続可能性日本語教育が依拠する言語生態学を理論的枠組みとする教師教育の先行研究として、楚（2020）の実践研究を紹介し、本研究の持続可能性日本語教育における中堅大学日本語教師の成長に着目する理由を述べた。次に、研究方法の「ナラティブ的探究」を取る理由と特徴を論じ、そして、日本語教育の領域の研究に本格的に「ナラティブ的探究」を援用した李（2003, 2004）の研究を典型的例として取り上げて、検討した。以上の先行研究を踏まえて、本研究の課題を明確化した。

第 4 章では、持続可能性日本語教育における教師の成長を検討するため、持続可能性日本語教育の理論的基盤である言語生態学を論じる。言語生態学の定義と研究領域を明確にし、言語生態学の基本的な見方を示す。言語生態学に基づく教師成長の理論「同行者としての教師」について議論し、言語生態学に基づく教師教育の専攻研究からの知見を踏まえて、本研究の位置づけをする。

第 5 章では、研究構成、フィールド及び分析方法を述べる。本研究の研究課題と研究構成を明記し、本研究の調査フィールドを述べる。まず、本研究の調査フィールドである「Ｄゼミ」についての詳細な説明をする。次に、研究参加者のヤン及び本研究に登場する「Ｄゼミ」の他の参加者を紹介する。それから、データの種類とそれぞれの取集方法を説明し、最後に本研究の分析方法を述べる。

第 6 章では、ジレンマに陥っていたヤンさんのナラティブを記述し、解釈した。

具体的には、「止まらない電車」のように全力を尽くして教育活動に取り組んでいたヤンさんは、仕事に全力を尽くせば、子どもを産めず、子どもを産も

うとすれば、仕事を休職せざるを得ないという人間活動と教師活動が分離しその間のジレンマに陥った。何故、ヤンさんは「止まらない電車」のような仕事ぶりを選択していたか。その原因を探ってみると、家庭教育や学校教育の影響で、大学進学を人としての成功物語に結び付けて考え、そうした成功を支え導く教師の仕事を自分の使命と捉えていたことが分かった。日本語を就職──立身出世の道具だと捉えていたヤンさんは、学生にきれいな日本語を身に付けさせるため、全身全霊で仕事にうち込むことで自分の使命を果たしていた。しかしながら、ヤンさんは身体を壊し、学習者においても学習動機の減退が見られ、自分の使命を果たせなくなった。そこで、より効率的な教授法の獲得による局面打開を意図してドクター課程に進学し、「Dゼミ」に入った。ヤンさんはこのゼミで、仲間との議論（外的言語生態場としての社会的領域における言語の活性化）を通して、違う視点にぶつかり、視野が広がった。また、議論の振り返りの記述を行うこと（内的言語生態場としての心理的領域における言語の活性化）で、これまでの自身の日本語教育についての考え方の再考が促された。「Dゼミ」での議論とふり返りの記述の繰り返し（社会的領域と心理領域の相互交渉）の中で、ヤンさんは、学習者の学習動機の減退が、日本語を自分の生きることに結び付けられないことにより引き起こされていることに気づいた。そして、「ツールとしての日本語教育」が学習者の動機減退につながっていると捉え直した。他方、これまでのように、日本語そのものの習得を目指すのではなく、日本語を用いて、生き方を考える日本語学習であれば、学習者は日本語と自己の関連を見つけられるようになり、学習者の動機付けも高まることを確信するようになった。そこで、ヤンさんは、この確信を自分の教室で検証することにした。つまり、「持続可能な生き方を追求する言語教育」を自分が担当する翻訳の授業に取り入れて、新たな教育実践を行ったのである。「内容」と「母語」を重視することで、「駄目な子」のレッテルを貼り付けられていた学習者も教室活動に参加できるようになった（言語生態の保全）。教室活動に参加できず、仲間から孤立していた学習者が、言語生態の保全を通して仲間に受け入れられ、教室の中で良好な人間関係が築かれるようになった（人間生態の保全）。言語活動と人間活動の一体化を通して、ヤンさんが悩まされていた学習者動機減退の問題は解決され、ヤンさんが大事にしてきた教師としての使命を果たすことができるようになった。

　同時に、この過程でヤンさん自身にもいろいろ変化が起こった。「よく勉強すれば、将来良い就職できる」と学習者を強調していたヤンさんが、新たな教育実践では、学習者と対等な立場に立って一緒に議論をし、ヤンさんの自身の持続可能な生き方を追求した。ヤンさんは自分の生き方について考え、仕事、育児についても、自分なりの考えを持つようになった。ヤンさんは学習者から信頼されるようになった。卒業した後も、生き方の問題にぶつかったら、相談に来る。

　このように持続可能な生き方について一定の展望を見いだしたヤンさんは心が強くなフた。ヤンさんは、私の研究に参加し、自分の書いた振り返りを私と一緒に議論することで、自分自身の「Dゼミ」参加前後の経験を捉え返し、新たに意味づけることができた。

　以上に述べたように、ヤンさんは良い言語生態環境を作り、言語生態と人間生態の一体化を通して、教室内の問題を解決した。同時に、「同行者としての教師」は自身の人間生態及び言語生態の問題を改善できた。

　第7章では、本研究を振り返り、自分の学びや変化、成長を二つの側面から述べた。まず、研究の出発点において立てた問い、つまり「中堅大学日本語教師の成長とは何か」についての私の理解を簡単に紹介する。

　そもそも、現場にいた私は中堅教師の成長—知識の熟達や教授法の熟練だと思っていた。そのため様々な教師研修会に参加した。しかし、いつも不全感が残った。私は、高度な学問の修得によってはじめて局面の打開ができ、自分の教師としての成長を図るこができると考えて、楓大学の博士コースに進学した。楓大学で所属することになった「Dゼミ」では高度な学問の修得はできなかった。しかし、そこで、「持続可能な生き方を追求する言語教育」を経験し、専門知識の熟知や教授法の熟練に重点を置く教師研修よりも、「Dゼミ」のように、一人一人の教師が当事者として自分が直面している切実な課題を議論の対象とし、学習者も含めて持続可能な生き方の追求をゴールとして、議論を闘わせる場を提供する研修の方が中堅教師の成長には意義があることを私は直感した。本研究を通して、中堅大学日本語教師の問題は教室内の問題に限らず、教室外に拡張し、そして、教室以外の問題が中堅大学日本語教師の直面している問題の中心になる場合があることが分かった。したがって、中堅大学日本語教

師の成長を考えるとき、専門性の向上に限定せず、教師活動を人間活動に統合すること（ヤンさんが学生と一緒に自分の持続可能な生き方を考えたように）、そして、女性を対象とする場合、ジェンダーに繋げて考察する必要があると考える。次に、性別、置かれる文脈の違いによって、教師個々の違いが際立ってくることが分かった。したがって、中堅大学日本語教師向けの教師研修では、論理・科学モードというより、ナラティブモードの思考が必要である。つまり、研修では、個々の教師は自分の直面している問題に対して、自ら自分なりの解決法を作っていくことが大事である。さらに、本研究を通して、「秘密の物語」を出し合い話し合うことが中堅大学日本語教師の成長にとって重要であることが分かった。そこで、中堅大学日本語教師の成長にあたって、ナラティブモード思考の上で、「秘密な物語」を言える場を提供することが大事だと考える。最後に教師の全面的な成長を実現するとき、「つながりの可視化」がキーワードになる。したがって、中堅教師にとって、つながりを見える目を養うことが大事だと考える。

　次に、研究方法に対する私の理解を紹介する。第二に、「場」の意味の再確認である。これまでの研究では、教師の問題を一般的に教室内の問題に限定されている。したがって、教師の成長を専門性の発展や実践能力の向上に注目されており、三次元の「場」を教室内の物理的描写に限定されている。本研究は中堅大学日本語教師の問題を教室内の問題に限定されず、教室外も問題につなげて考える。「場」の意味は「物理的描写」に限らず、「場」における出来事を文脈として捉えることが大切だと考える。第二には「相互作用」についての理解である。香ちゃんのナラティブを通して、中堅教師の問題及び問題間の関連が複雑だと分かった。したがって、個人の問題を社会に直結するというより、個人を取り巻く複雑なつながりの中で理解することが大事だと考える。

　最後に、本研究から得られた示唆を述べ、本研究の限界と今後の課題を提示する。

5.2　ヤンさんの直面していた問題の実態を探る

　この節で、私は、ヤンさんが直面していた問題の実態を探った。そもそも、

ヤンさんは全身全霊で仕事に打ち込んでいたが、教師活動と人間活動のジレンマに陥ってしまった。

5.2.1　私のヤンさんとの「初対面」

　私は東京に着くや否や、旅の疲れも感じることなく、ヤンさんと翌日の朝9時半に大学近くの○○コーヒー屋で面談することを約束した。翌日、私は早めに○○コーヒー屋に着き、コーヒー屋の前でヤンさんを待っていた。6月の朝、日差しはうららかだった。待ちに待った対面がまもなくできることに私は興奮していた。興奮の中には少し緊張感も混ざっていた。ゼミの仲間でありながら私の研究仲間でもあるヤンさんにどう接したらいいか、そこはかとない不安を抱えていたからだ。ヤンさんが来たらどう話し掛けようか考えていると、「着いたよ」とヤンさんからウィーチャットにメッセージが届いた。頭を上げるとインターネットを通したスクリーン上で「お馴染み」の顔が私の目の前にいた。「ヤンさんだ！」という声が私の心の中で響いた。ヤンさんも一目で私だと気づいたようでニコニコして私の方に視線を向けて、「いつもおきれいですね」と先に声を掛けてくれた。わたしたち二人は笑いながらコーヒー屋に入った。ここは大学近くのコーヒー屋で、中はあまり広くなかった。壁に大きなおいしそうなサンドイッチやコーヒーの描かれたチラシが張ってあり、隣には「コーヒー200円！」と大きな字で書いてある。朝の時点で、中には朝食を食べている大学生に見える若者たちがバラバラに座っていた。私とヤンさんは注文したコーヒーとパンを持ちながら、隅のある静かなところに腰を掛けた。私は研究の下心を抱えながら初対面の仲間に接することに居心地の悪さを感じたので、コーヒーを飲みながら、気遣いをし、家族や友達の話ばかりしていた。すると、ヤンさんは「研究は？録音しないの？」と心配りをして聞いてくれた。私は感謝しながら携帯をカバンから出し、録音アプリのボタンを押し、前の机の端のところに置いた。ヤンさんはそれを見て、携帯をさらに自分のほうに向けた。その一瞬間、私は緊張状態から解放された。ヤンさんにやさしく振舞ってもらったおかげで、周りの雰囲気がパッと明るくなり、私はヤンさんの間で、気軽に会話を交わせるようになった。

　やりとりはすべて中国語で行われた。ヤンさんと会話やインタビューをする

時になぜ中国語を使ったか。それは中国語が私とヤンさんの母語であり、異国にいる私たちは母語で話すことで、心理的距離が縮められ、ヤンさんの本音をより容易に聞けるだろうと思ったからである。

5.2.2　「停まらない電車」のナラティブの再構築

ヤンさんが書く振り返りを読むと、そこにはいろいろな悩みが書き込まれていた。

以下は 2015 年 9 月 13 日のヤンさんの振り返りの一部である。

帰国して一か月間も連絡できなくて申し訳ございません。私が在日中、おばあさんが急に危篤状態になってしまったので、主人も一週間ぐらい私の実家の大連に行っていました。急に母も父も見えないせいか、その後息子が情緒的に不安定な状態が続いていました。私が帰ってからやっと自分の家に帰るようになりましたが、夜 12 時でも、朝 3 時でも目覚めて、「ここは家じゃない。外へいく」と号泣したりしました。最初はずいぶん甘やかされていたと思って無視しようとしましたが、泣く力がなくなるまで泣いていました。どうしたらいいかわからなくて結構悩んでいました。環境を変えたらすこしよくなると思って、実家に連れて夏休みを過ごしました。朝から晩まで息子のそばに寄り添い、彼が安心できる環境を作ってあげました。最初は毎日「ママ、行かないで」と何度も何度も言いましたが、最近はあまり言わないようになりました。そして、母も瀋陽へ来て子どもの世話をしてくれるので、やっとまた勉強に集中できるようになりました。

（中略）

仕事先では、新学期は二週間前に始まりました。日本人の先生が急にやめて、しばらくの間新しい先生が来られないので、その仕事も分担することになりました。先学期授業できなかった分、会話の授業も私のところに割り当てられました。（2015 年 9 月 13 日　ヤンさんの振り返り）

つまり、ヤンさんは博士コースのことで、幼い子どもを中国に残されていた。親がそばにいなくて、子どもが情緒的不安定な状態に陥ってしまった。ヤンさ

んは子どものことで焦っていたが、博士コースの勉強に集中できなかった。そして、現場の人事異動で、より多い仕事を任せた。博士コースで、ヤンさんが直面している問題をより多くなったようだ。他方、早期のヤンさんは「Dゼミ」の他の活発な学習者に比べると、無言で、教室の外にいて、入室を躊躇しているように感じられた。「博士コースはヤンさんにとって、どんな意味があるのか」「彼女は何故博士コースに入ったのか」という疑問が私の奥に生まれた。このように、初めてのインタビューは「ヤンさんは、何故博士コースに入ったか」という質問から始まった。

趙　：ヤンさん、何でここの博士コースに入ったの。
ヤン：そうね。それは話が長くなるかもね。私は大学卒業を控えていたとき、まだ社会に入りたくない。まだ何年間かは大学で勉強したいと思って、就職活動をしないで、そのまま大学院に進学した。大学院の時、日系企業のインターンシップに行った経験もあったけど、企業での生活を体験した後、それは私に合わないと感じて、日系企業に就職することを諦めた。ずっと大学にいる私は大学は企業と違って純粋なところだと思って、その雰囲気が大好きだった。それにそのころ自分が目にした大学教師の仕事は楽そうだったし、人に尊敬されていたし、だから、大学教師になりたいと思った。しかし、10年前、博士号を持たない人は北京の大学に就職できなかった。その時、指導教師は私に、もし、本当に大学教師になりたかったら、急がないで、博士号を取ってから、就職を考えた方がいいとドクター進学を勧めてくれた。けれども、その時の私は社会経験があまりなくて、考えも幼稚だった。どこの大学でも同じだと思っていた。ちょうどその時、今の勤務校が教師を募集していた。採用のメールをもらってはじめて、就職を決めた。でも、就職してから、大学と大学の間にはかなり差があって、現実の前にして挫折をいろいろ味わってきた。

　ヤンさんの話を聞いているうちに、私自身の経験も蘇ってきた。ずっと大学で勉強しており、社会経験を持っていない私は、大学教師の仕事が安定しており、私的な時間もたくさん持てると勝手に思っていたので、就職活動の際、深く考えずに、ある私立大学に就職した。ぶつかった問題や課題を解決しようと

思っていたが、社会経験を持っていない私にとって、それは、容易なことではなかった。厳しい現実を前にして、私は無力感を感じて、徐々に仕事に対する熱意を失っていった。ヤンさんも私と同じように、自分の意に反した不合理な現実を前にして、挫折感や無力感を感じていたのだ。ヤンさんとの会話を通して、意外にも共通点を見つけた私は、ヤンさんのストーリーにさらに興味を持つようになった。

趙　　：では、その後は？

ヤン：その後、間もなく新学期になって、私は一年生の担任の先生になった。そして、教壇に立って、日本語を教える生活が始まった。多分、私は負けず嫌いな性格だからかな、これは初めての担任の仕事なので、絶対、うまくやり遂げようと思った。その原動力と言えば、もちろん自分の負けず嫌い性格もあるし、ほかには、教師になったばかりの時、父が私に言った「教師になったら、ちゃんと責任を持って、弟子に道を誤らせるな、出せる能力は全部出しなさい」という言いつけにも関係があると思う。その時の私は、本当に教えることに自分の情熱や力を惜しまないでどんどん注いでいた。学生たちが日本語専門試験四級を準備していた時、実は大学からは残業や受験指導の要求はなかった。他の先生たちは、授業が終わったら、さっさと帰ったけど、私はひとりで大学に残って残業した。勤務校は郊外にあって、夜、晩自習が終わった時間には、通勤バスも、交通機関も運行時間が過ぎていたので、私は家へ帰れなかった。で、私はそのまま学生の寮に泊まった。そのような生活が４年間続いて、結局、私は体調を崩しちゃった。趙さんも知ってるよね。振り返りにも書いたから。

趙　　：そうよ。覚えてるわよ。そのとき、タクシーで郊外の大学に行って、サービス残業をしたのよね。交通費も自分持ちで、印象深かった。

ヤン：そうなのよ。実は、その時もう疲れ切っていたのよ。それでも、私は全力で頑張っていた。（2018 年 6 月 19 日 インタビューの訳文）

　同じように大学で日本語教師をしていた私は、ヤンさんの仕事ぶりに感服した。一方、その時、何でヤンさんはそこまでできたのかと疑問に思った。そこで、私は以下のように聞いた。

趙 ：私なら、多分そこまでできないかな。ヤンさんは強い責任感を持っているから？

ヤン：まあ、その時の私はレールの上を走り続けている電車のようで、もう止まれなくなっていた。私は、何でそのようなやり方でやっているのかを自分に問う余裕もなくて、ただ慣性に流されていた。どうしても、自分の受け持っていたクラスの仕事をきちんとこなしたいという決心があった。しかし、疲れたせいか、体調が崩れてしまって、生活に影響を及ぼした。（2018年6月19日　インタビューの訳文）

　その話をするとき、ヤンさんの口調はあっさりしており、顔にも特別な表情が浮かんでこなかった。ヤンさんは平気で、まるで他人の話をしているようであった。しかし、その話は私には響いた。いつもしっかりしており、前向きで、努力家で、周りの人々に元気を与えてくれるヤンさんは、私にとって羨ましく思える人だ。しかし、ヤンさんが語った彼女もそのような辛い経験をもつのは私の想像を超えたものであった。ヤンさんは、その時、きっとショックを受けていたのだろうと思った。何故、ヤンさんはそんなにも平気だったのか、私はわからなかった。

5.2.3　人間活動と教師活動のジレンマに陥ったヤンさんの実像を探る

　続いて、私はヤンさんに以下のように質問した。

趙 ：体調の崩れは、きっとヤンさんに強い影響をもたらしたでしょう。

ヤン：この時から、私は自分の生活を考え直しはじめた。生活はいろいろなものからなっているよね。仕事はただその一部に過ぎなかった。その時、私は、自分のやり方を問い直しはじめた。私にとって仕事は唯一のものではない、自分の健康や生活も大事なことだと気づいた。体調を回復させるため、私は残業の数をだんだん減らしていき、宿題の訂正などは、メールやウィーチャットを通してするようにした。私は相変わらず学生の勉強に力を注いだが、残業はあまりしないようにした。主に、メールやウィーチャットを

通して、宿題をチェックした。その時の私は、学生を助けながら、同時に、私的な時間も作れる道を探し始めていた時期だと思う。それから、私は博士コースに入った。（2018 年 6 月 19 日 インタビューの訳文）

　ここまでのインタビューで、ヤンさんは「止まらない電車」のナラティブを生き直し、私は仕事と家庭、つまり人間活動と教師活動のジレンマに陥ったヤンさんの実像が見えた。そして、人間活動と教師活動のジレンマに陥ったことはヤンさんの全身全霊に仕事に打ち込む仕事ふりにつながることが分かった。
　他方、ヤンさんは「学生を助けながら、同時に私的な時間も作れる道を探する」ため、博士コースに進学したが、博士コースに入った後、彼女が直面する問題が多くなったようだ。それについて、ヤンさんはどう解釈するかと知りたい私は、以下のように質問をした。

趙　：しかし、博士コースに入ってから、プレッシャーが強まったんじゃない？ヤンさんは振り返りにいろいろ悩みを書き込んでいたよね。例えば、子どもを中国に残して、日本へ留学に来た。子どもの面倒を見るため、一時、研究に集中できなくなった。おまけに、仕事上のプレッシャーもあった。
ヤン：でも、そのとき、私は子ども、家庭のことを悩みだと思わなかった。私が博士コースに進学したのは、やはり学生たらの学習動機減退の問題を改善したかったから。現場で何年間働いてから、学生の学習動機減退の問題が深刻だと気付いて、学生の自律学習を育てたいと思った。できるだけ学生を助けたいと思った。博士コースの受講や教育学の学びはもちろん教育現場の問題を解決するためだよね。学生が自律的に勉強できたら、私は前より楽になるわけだね。最初のころは、博士コースの受講を通して、生活上の問題を解決するという考えはなかった。（2018 年 6 月 19 日 インタビューの訳文）

　ヤンさんの話を聞いて、私は少し分かるような気がした。かつて、現場にいた私も研究業績のストレスや仕事と生活の両立が難しいことで悩んでいた。しかし、それでも私は教師として日本語を継続して教えていきたいと考えた。そして、積極的に教師研修に参加することにした。大小様々の研修会に参加した

が、そのほとんどが知識の紹介や教授法の熟練に重点が置かれており、不全感が残った。しかし、私はその正体が分からなかった。今度、私はその経験を思い出して、そして、ヤンさんのストーリーに繋げて考えたい。

前述したように、教師の成長にあたって、専門性の発展という一つの観点から論じられてくることが考えられる。このような教師成長の見方から影響を受けた我々教師は、問題にぶつかると、すぐにその問題を自分の専門性に直結し、専門性の発展を通して、問題の解決を求める傾向がある。つまり、私もヤンさんも人間活動と教師活動のジレンマに悩まされていたが、実際に解決法を探すとき、つい重点を教室内の問題の解決に置かれる。人間活動は我々の視野に入らなかった。

しかし、中堅大学日本語教師にとって、問題は専門性の発展に留まらない。そして、彼らが直面している問題はすでに教室内から、教室外に拡張し、教室外の問題が中堅大学日本語教師の問題の中心になった。ぼんやりして、専門性の発展に向けて、解決法を求めるというより、中堅大学日本語教師は自身が直面する問題はどのように形成されたかを明らかにしたことが大事であろう。このステップを飛ばしてしまったら、問題の捉え直しや克服は言えないだろう。

以上に述べたように、何故、ヤンさんはそのような仕事ぶりを取っていたのか、まず、これは私の個人の研究関心につながっている。そして、ヤンさんにとって、問題の形成を明らかにすることは、彼女の問題の捉え直しや解決に役に立つと考えられる。次の節で、私は、ヤンさんが直面している問題の要因及び要因間の関連を探求する。

5.3 ヤンさんの直面している問題の要因及び要因間の関連を探求する

この節では、ヤンさんが直面している問題の要因及び要因間の関連を探った。何故、ヤンさんは「止まらない電車」のような仕事ぶりになっていたか。その原因を探ってみると、家庭教育や学校教育の影響を受けて、ヤンさんは大学進学を立身出世に直線的に結び付けて考えていたことが分かった。日本語を就職の道具だと捉えていたヤンさんは、学生にきれいな日本語を身に付けさせ

るため、全身全霊で仕事に打ち込んでいた。結局、ヤンさんは体調を崩し、ヤンさんが心血を注いだ学習者の中には学習動機を失うものも出てきた。ヤンさんの人間生態も学習者の人間生態も持続可能とは言えない状態に追い込まれていた。

　以下では、図 5-1 に沿って、ヤンさんの直面していた問題がどのように構築されていたのかについての私の探究を詳しく述べる。

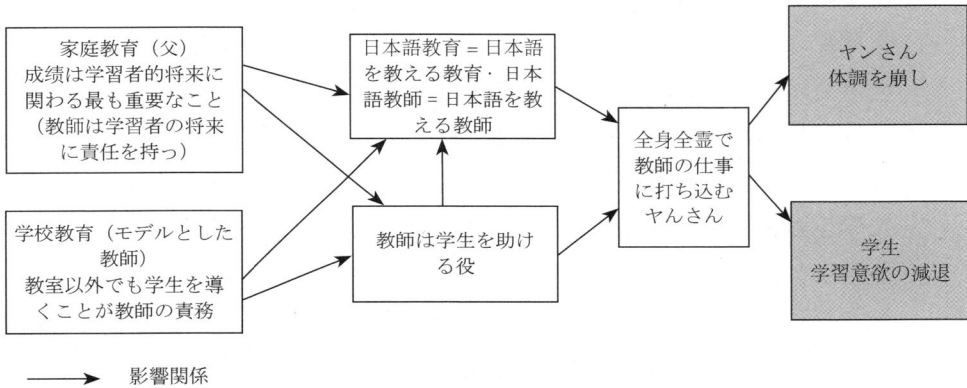

図 5-1　問題の要因及び要因間のつながり図

5.3.1　理想的な教師像

　前節で、ヤンさんは自分の全身全霊で仕事に打ち込む仕事ぶりを彼女の負けず嫌い性格やお父さんの言いつけにつながると語った。つまり、負けず嫌い性格やお父さんの言いつけのことで、ヤンさんは「良い教師」になろうと決意し、その「良い教師」になるため、ヤンさんは全身全霊で仕事に打ち込んでいた。では、ヤンさんが志した「良い教師」はどんな教師であろうか。この答えを探すため、私はヤンさんとまたインタビューを約束した。

（1）日本語教師は日本語を教える教師だ

　7 月 11 日に、私はヤンさんの寮に訪れて、ヤンさんに 2 回目のインタビューをした。馴染まないところにあったことか、周りの雰囲気があまりにも静か過ぎたのか、私はちょっと緊張感を感じた。それに対して、ヤンさんは結構穏やかな表情をして、まるですでに準備ができており、私の質問を待っているよう

だった。私は事前に用意した質問項目にしたがって、インタビューを始めた。

趙　：ヤンさんは、お父さんの言いつけと自分の負けず嫌い性格で、担任の先生になったからには、かならず、その仕事をしっかりこなすと言ったね。では、ヤンさんが理解した「良い教師」とはどんな教師なの。

ヤン：それまでの私は、日本語教育とは日本語を教える教育で、日本語教師とは日本語を教える教師だと思っていた。だから、前の私は授業中、授業内容と関係ない話を一切しなかった。私は学生の時間を大事だと思っていて、全力で、学生に役に立つものを教えていた。成績がよくない学生には私はより厳しく要求する。教師として、できるだけ学生を助けてあげたかった。初めのころは、どのように学生を助けてあげたらいいかと考えたら、自然に学生の日本語能力をアップすることだということに行きついた。日本語能力がアップできれば、就職も順調になるはずだ。もちろん、日本語教師はロボットではない、私たちのような現場の教師は日本語を教えるだけでないよね。例えば、私は自分の教え子と仲がすごく良かった。それは、私は日本語を教えることだけでなく、学生の様々な方面に情熱を注いで、学生を助けてあげていたから。学生に誕生日ケーキを買ってあげたりして、学生と親しい関係を作っていた。でも、その時、それは副次的なものだと思っていて、日本語教育でもっとも重要なことは、やはり、学生にきれいな日本語を身につけさせることだと思った。それができてこそ、立派な教師だと言えると思った。（2018年7月11日インタビューの訳文）

　言語教育は教育目標により、「ツールとしての言語教育」と「内容重視の言語教育」に分けられる（岡崎2009a：xvi）。「ツールとしての言語教育」とは、目標言語の能力を何らかの目的（仕事、留学など）のためのツール（道具）を得ることを目指して養成するものである（岡崎2008）。上記の「日本語能力をアップできれば、就職が順調になるはずだ」という話から、以前のヤンさんが考えていた日本語教育は、「ツールとしての言語教育」であったことが窺える。

　日本語教育を「ツールとしての言語教育」として捉えていたヤンさんは、日本語教育に携わっている自分を「日本語を教える教師」だと位置づけていた。したがって、その時のヤンさんにとって、良い教師の基準は「学生にきれいな

日本語を身に付けさせられる教師」であるかどうかだったと考えられる。負け
ず嫌いな性格と父の言いつけでヤンさんは良い教師になるため、全身全霊で日
本語を教えることに取り組んでいた。授業では、時間を惜しんで、日本語の知
識を教え込み、成績がズくない学生には特に厳しく要求していた。加えて、授
業の外でも私的な時間を割いて、受験指導をしていた。夜勤も常にしており、
家に帰れないとき、学生寮に泊まった。そうやって、四年間も電車のように走
り続けて、ちゃんと休みを取らなかったヤンさんは教師活動と人間活動のジレ
ンマに陥ってしまった。しかし、ヤンさんが自分の健康を損害にしてまで取り
組んだ「ツールとしての言語教育」は実際には限界があった。

　王（2018:2）は「ことばそのものに関する知識や技術の習得」というものは
まさに「ツールとしての言語教育」の目標だと指摘している。私は前に読んだ
ことの、ある本の中に書かれている内容とヤンさんの実践を結び付けて考え始
めた。

　それはフレイレの言う「銀行型教育」に関するものであった（フレイレ
2018:135）。

　銀行型教育の概念において、世界との関連ということで意識を定義するなら、
意識とは世界の内面となることを期待しながらも、世界に向けて受動的に開か
れている「一部」ということになる。そして教育者の役割は教育されるものが
世界の入り口に立つように訓練するということ以外にはない、という結論に
なってしまう。教育者の仕事とは、また世界を模倣することである、あるいは
教育される側をこまごまとした内容で「一杯いっぱい」にさせる、ということ
でもある。あるいは「知識」（もちろん、偽ものの知識）を貯め込む場をつくり、
これこそが本質的な知識である、と押し付けることでもある。それが教師の仕
事となる。

　この内容は今まで私が受けてきた教育と私が行った教育実践とよくリンクす
るものである。私もヤンさんも以前行っていた授業にはこのような面があった。
日本語をツールとして捉えていた私とヤンさんは、日本語に関する知識の伝達
を授業の唯一の目標にしていた。したがって、ヤンさんは自分の授業で、一生
懸命になって学生に日本語の知識を教え込み、絶対雑談をしないタイプになっ
ていたのである。私の方も同じく知識の教え込みを最も重要なことにしていた。

長い間、私は授業中に学生がみんな静かに座って私の話を聞いてくれることを自慢に思っていた。しかし、このような一方的に学生に知識を詰め込んでいく銀行型教育では学習者間の関係、学習者と教育者との関係、ちらに、学習者と世界との関係は、勿論びつくことがない。学習者が授業で獲得できるものは先生が教え込んだ唯一の「正解」でしかない。

フレイレ（2018）は銀行型教育で「知識を詰め込めば詰め込むだけ、生徒は自分自身が主体となって世界にかかわり、変革していくという批判的な意識をもつことができなくなっていく」と指摘している。したがって、私とヤンさんだけでなく、数多くの銀行型教育に携わる日本語教師は無意識のうちに学生の思考力、批判力を抑圧するものになっているのではないか。それはいかに悲しいことなのか。

日本語能力を就職と結び付けて考えていたヤンさんにとって、学生にきれいな日本語を身に付けさせる教師はいい教師だということが私はわかった。しかし、ヤンさんが教室の外での学生との関係づくりに意識的に力や情熱を注いでいたことを私は不思議に思った。何故教室の中で厳しい顔をしていたヤンさんが教室の外で、常に学生に誕生日ケーキをあげたりしたのか。ヤンさんは教室外での関係づくりを仕事の一部として捉えていたのか。疑問を持って、私は、次のように質問をした。

（２）教師は学生を助ける役

趙　：私は職場にいた時、前の担任したクラスのある教え子が卒業論文の予備審査に落ちてしまった。その時、私はもう彼の担任の教師ではなく、卒論の指導教師でもなかった。でも、彼が予備審査に落ちたことを聞いた時、すごく心配した。休日にもとか見つからないように大学へ行って、その子を自分の事務室に呼んで、一緒に論文の訂正作業をした。本気で学生を助けたいということ。（2018 年 7 月 11 日　インタビューの訳文）

趙　：ヤンさんはどっち？

この質問はヤンさんにとって少し唐突であったと見え、眉を寄や、しばらく考えてから、次のように答えてくれた。

ヤン：私の場合は、本当に学生にきれいな日本語を身につけさせたかった。私は

学生というのは立場がすごく弱いと思っていて、できるだけ学生の助けに
なりたかった。将来、社会に出て、学生みんなが自分の居場所を見つけら
れればと思っていた。（2018 年 7 月 11 日　インタビューの訳文）

　「学生の立場が弱い」「できるだけ学生の助けになりたい」はヤンさんが繰
り返し口にすることばであった。ヤンさんの教育ビリーフはそれらのことばに
示されていることを悟った。教師と学生の力関係の中で、ヤンさんは学生のほ
うが立場が弱くてかつ受動的だと思っていたからこそ、学生を無意識のうち
に「子ども」と呼んだのではないか。教師としての自分が日本語教育の主体だ
と強く意識しながら、日々の教育活動に携わっていたヤンさんは自分の責任が
「教えてあげる」ことにあると信じていたと考えられる。そこで、ヤンさんは
労を惜しまず、全力で知識の伝授に取り組んでいた。しかし、無意識のうちに
ヤンさんは学生を知識を受動的に受け取る客体にしていた。

　そのような結果をもたらしたのは、「教師は知っている、学生は知らない」
「教育するものはするもの、されるものはされるもの」などである（フレイレ
2018：134）。このような教育姿勢を取る教師は先行者としての教師と呼ばれて
おり、銀行型教育によく見られる。

　勿論、ヤンさんは学生への愛を持っているからこそ、そのようにしたことが
私は分かった。しかし、誕生日にケーキを贈ることが何を意味するのか。まだ
すっきりしていなかった私は、思わず次のようにヤンさんに問いかけた。

趙　　：では、ケーキをプレゼントすることは? 学生の成績をアップさせるため?
　　　　学生が良い成績を取ったら、ヤンさんは自身がいい先生だと評判になるか
　　　　らなの? （2018 年 7 月 11 日　インタビューの訳文）

　自分の疑問をヤンさんに直接ぶつけ、問いかけてから、私は急に自分の中に
ある種の不安が生まれた。ヤンさんの深刻そうな目から、研究者の私は自分の
経験でヤンさんの言動を勝手に推測すべきではないことに気づいた。さらに、
そのことを言ってしまい、お互いの信頼関係が壊れたかと自己を責める気持ち
になった。しかし、意外にもヤンさんは真剣に考えてから、緩やかな口調で「そ

う思わなかったよ」と答えてくれた。ヤンさんの穏やかな表情を見て、私は先の不安状態から解放されただけでなく、私の前にそこまで自分の考えを率直に語ってくれたヤンさんに感心した。

　誕生日にケーキを贈ることについて、ヤンさんは続けて、以下のように語ってくれた。

ャン：教育には愛が必要だってよく言うよね。学生をロボットとして捉えるのは駄目ね。学生は一人一人の人間だよ。教師が教室の中で、「勉強しよう、勉強しよう」と言ったら、学生が勉強してくれるというわけではないし。だから、お互いに気持ちを通い合わせることが必要だと思う。その時、私は毎月給料の6分の1を出して、各寮の学生と一回ずつしゃぶしゃぶをかこみながら、話をする。それは、私が功利心を持っていて、学生の成績をアップさせるためとか、自分がいい先生だという評判を得るためじゃない。その時の私はただ、学生たらがきれいな日本語を身につければ、これからの未来に役立つと思っていたから。学生たらに将来性を持つ人になってほしい。（2018年7月11日　インタビューの訳文）

　学生を「人間」として捉えて付き合うという話を聞いた私は、少し意外な感じがした。私の場合、教育現場にいた時、学生を人間として捉えて付き合うどころか、意識的に学生を自分なりの考え方を持たず、自分で考えられないロボットにしたかった。何故かというと、日本語をツールとして捉えていた私は日本語教育の目標が学生に日本語の知識を教え込むことだと思っていたからである。つまり、学生は考える力を持たないロボットになってこそ、私の指示に従い、つまらない語彙や文型を暗記することができる。そうしなければ、授業の目標は達成できない。したがって、授業の時、私はいつも厳しい顔をして、学生に威圧的に接していた。学生が自分で学習計画などを考えたり、作ったりする必要はなく、私の授業リズムに従順にしたがって、しっかりと私が教えた単語や文法の知識を身につけられれば十分だと思っていた。授業後、教室の外にいる時、学生に会ったら、私はその仮面を外して、ニコニコして、挨拶したり、冗談をかわす。しかし、それはただ、教室の外にいる私は知識を教える責

任を一時的におろしたから、そこではもう厳しい顔をする必要がないと思っていたからである。ヤンさんの話を聞いて、私は考えさせられた。私のような「脱人間」的なやり方が本当に学生のためになったのか、本当に学生の学習に役に立つのかと反省した。

　しかし、私と同じように日本語をツールとして捉えていたヤンさんは何故学生を複雑な気持ちを持つ人間として付き合うという考えを持っていたのか。何故ヤンさんは、教室の中で権威を持ち、学生と縦の関係を維持しながら、教室の外で学生に親しみ、学生との横のつながりを作る形を選んだのか。そのような教室内外それぞれ分離、あるいは対立的なやり方が、本当にヤンさんの学生を人間として付き合うという目標が達成できるのか。このような疑問を感じた私は、ヤンさんの持っていた教育ビリーフが何に由来するのかを知りたくなった。

　李（2004b:28）は「現在の経験は過去に経験した経験から生まれるもので、同じように、今の経験はさらに未来の経験と結びついていく」と指摘している。つまり、教師の経験を理解すると、縦断的な研究が必要である。このように、私は、ヤンさんの個人史を遡り、そのビリーフの形成を彼女の歴史的な文脈から探ることにした。

5.3.2　ヤンさんの個人史に遡る

（1）家庭教育のストーリー

　ヤンさんは中国東北地方の小さい町に生まれ育った。父親は公務員で、母親は会社の経理として勤務していた。両親は共働きで、そのうちの一人が立派な公務員であることは、80年代前半に生まれた私とヤンさんの時代の人にとっては、羨ましく思われることである。ヤンさんの話を聞けば聞くほど、ヤンさんは本当に幸せで、保護された環境の中で育ったことが分かった。以下は私がヤンさんの話をまとめたヤンさんの家庭教育のストーリーである。

　1980年代生まれのヤンさんは一人っ子である。両親はヤンさんの教育を非常に重視している。小さいころから、ヤンさんは「よく勉強して、将来必ず立派な大学に入るように」と教えられてきた。勉強以外のことは、例えば、家事を手伝うことなど一切親はさせなった。いい成績を取ることを唯一の目標にさせ

られたヤンさんは勉強以外のことは一切無関心であった。何故ヤンさんが勉強の事だけに集中していたのか、それは勿論、親の教育方針に関わっている。

　ヤンさんの両親は二人とも安定した職場で働いており、人の目には誇らしいことだったかもしれないが、実際は、ヤンさんの両親は大学進学できなかったことについて悔しい気持ちがいっぱいであった。ヤンさんの両親にとって、大学に入れなかったことは非常に残念なことである。ヤンさんの両親の時代、大学は「象牙の塔」と呼ばれ、大学生は「天の寵児」と呼ばれた。大学に入れるのは極めて稀であり、もし大学に入れたら、立身出世、将来安泰のはずであった。したがって、大学に入る夢を叶えられなかったヤンさんの両親は、親の代わりにヤンさんが大学に進学することを目標にした。それに、「大学進学を目標にするのだったら、勿論一流の大学を目指そう」とヤンさんに言いつけた。ヤンさんは両親の期待に応えるため、一生懸命に頑張り、最終的に優秀な成績で北京のある名門大学に進学した。

　親の世代、大学に入れる人が極めて稀だったことで、大学に進学すること——豊かな生活を手に入れることだと考えられていた。そのような親の世代の経験や考え方の影響の下で、ヤンさんにとって、良い成績を取って、一流大学に入ることが何より重要なことであった。　したがって、ヤンさんの家庭教育のストーリーから、ヤンさんが家庭教育からの「成績が学生の将来に関わる」という見方の影響で、「日本語教育は日本語を教える教育、日本語教師が日本語を教える教師だ」「学生にきれいな日本語を身に付けさせる教師がいい教師だ」という教育ビリーフを持つようになったと考えられる。

　ヤンさんの個人史のストーリーを書き直していく中で、私の中に、まるで自分自身の個人史を解釈しているような奇妙な感じが湧いてきた。私もヤンさんも同じく幼い頃から親に「大学に進学すること」を言いつけられていた。親の教育方針で、勉強以外のことは私と一切関係ないことであった。大学教育を受けられると、立身出世できるという社会文脈に置かれていた親たちが「大学に進学できたら、美しい未来が手に入る」という価値観が形成されたのは自然なことだ。したがって、そのような価値観を持っている親たちは子どもを育てる時、自分の思い込んでいる「大学に進学する」夢を子どもの使命にして、言いつけていた。

（2）学校教育のストーリー

　研究者の私の経験からみれば、家庭教育のほかに、学校教育も教師の教育ビリーフの形成に影響をもたらすと考えられる。ヤンさんの場合はどうだったのか、知りたい私は次のように質問をした。

趙　：私も同じよ。私の教育ビリーフの形成も家庭教育の影響を強く受けている。それ以外に、教師として、私の言動は大学時代の日本語の先生の影響も大きい。私にとって、大学時代の先生は理想的な教師なんだ。だから、私は彼女の真似をして、授業をやったり、学生との関係を作ったりしていた。ヤンさんは？ このような経験を持っているの。

ヤン：私が教室の外で、様々な面で学生たちに情熱を注いだりしているのは、まあ、大学の時の教師からの影響を受けたからかもしれない。大学の時の担任の先生は学生時代から成績が抜群で、優秀な学生に選抜されて、推薦入学制で北京の名門大学に入れた。大学も大学院も中国大学のトップだと言える。その先生は大学でも大学院でも成績が優れていて、日本語が本当に素晴らしかった。大学院を卒業して、うちの大学で教職に就いて、基礎日本語の授業を担当した。先生の日本語は大変すばらしくて、教えることも上手だったけど、ただ冷たい感じがしていて、私だけでなく、学生たちはみんな先生のことを怖がっていた。一つのことを私は今でもはっきりと覚えているの。ある日、私は発表者として学生の前で発表することになった。そして、先生はランダムに一人の女の子を翻訳役に指定した。あいにく、その女の子は日本語があまり上手ではなかった。発表が始まって、私はゴールデンウイークにバスで香山に行った時、スリに遭ったことを語った。私が「バスでスリに手をポケットに入れられたことに気が付いた」と言った時、その子はその日本語がはっきりと聞き取れなかったようだった。先生は直ちに冷たい視線をその子に向けた。その子は緊張して、私の話を「スリに手をズボンの中に入れられた」と訳してしまった。その一瞬、教室には爆笑が起こった。それは基礎日本語を学んだ時の経験だ。その後、三年生になって、受けた授業は基礎日本語から上級日本語に変わって、自然に先生も変わった。上級日本語の先生は日本語能力からみれば、基礎日本語

の先生ほど素晴らしくなかったかもしれない。けれども、親しみのある人で、教室の外でも私たちの世話をいろいろしてくれた。例えば、私が大学院受験を準備していた時、授業後、先生のほうから私のそばに来て、「大学院受験はどんな科目ですか？」と聞いてくれた。私は「特に心配ないです。ただ古典文法の問題も出るので、ちょっと自信がないです」と答えると、先生は古典文法入門の本などを勧めてくださった。本当に大変助けてもらった。多分その時から、私は、そのような先生になりたいと思い始めたのだと思う。冷たい先生と比べて、やはり親しみやすい先生の方が学生に受け入れられやすいし。学生の勉強にも役に立つし。

趙　：だから、上級日本語の先生の方が、ヤンさんにとっては、理想的な教師なんだね。

ヤン：えーと、上級日本語の先生が理想的な教師というより、私は基礎日本語の先生のような教師にはなりたくないということ。（2018年7月11日　インタビューの訳文）

　ヤンさんの日本語学習のあるストーリーから、成績のことを大事にするヤンさんが、日本語は上手だが、いつも冷たい感じの基礎日本語教師のやり方には反発を覚えていたことが分かった。なぜなら、そのことを通して、ヤンさんは教師のやり方が学生の自尊感情を傷つけることに気付いたからだと考えられる。そこで、いつも学生に親しく接してくれていた上級日本語の先生と比べ、ヤンさんは絶対に基礎日本語の先生のような教師になりたくなかった。ここで、私は、ヤンさんが教室の外で学生にケーキをあげたりして、学生を複雑気持ちを持っている人間として接するのか、その理由が分かった。それに、ヤンさんは教師が学生に受け入れられることを学生の勉強に役に立つ要素として捉えていたことが分かる。つまり、ヤンさんは学生の勉強を孤立的なものとして捉えていなかった。いろいろな要素が学生の勉強に影響をもたらすとヤンさんは考えていた。しかし、教室の中では厳しい顔をして、学生に日本語を勉強させ、教室の外では、学生にケーキをあげたりして親しむという方法は学生の勉強にどのぐらい役に立つのか、私は疑問に思った。それで、質問をした。

趙　：ヤンさんはそんなに頑張って、それで、教え子のできはどうだったの。

ヤン： 私の授業では、普通、学生の勉強に取り組む姿勢は良かったと言える。私
　　　 が担当していたクラスの学生の合格率は日本語学部のトップだったよ。

　ヤンさんが担当していたクラスの学生の合格率は日本語学部のトップだった
が、それは根本的に問題を解決できる方法ではないと言った。それは、学習者
の生の声を聞いたヤンさんは、教師は学習者に言語そのものを身につけさせる
ため、一生懸命に頑張っていたが、学習者に勉強の意味に気付かせないと、そ
の努力が認められないと気が付いた。自分のやり方は根本的に問題を解決でき
ないと分かったヤンさんは、これから学習者の自律学習を育てることに転向す
るのか。学習動機減退の問題を抱えながら、楓大学に進学し、「Ｄゼミ」に出会っ
たヤンさんは、「持続可能な生き方を追求する言語教育」を経験してから、そ
の問題をどのように捉え直し、克服するのか。私の探求はヤンさんの「Ｄゼミ」
入った後のナラティブに進めて行く。

5.4 　「Ｄゼミ」における持続可能性日本語教育の経験を契機にした問題の捉え直しとつながりの可視化

　この節で、私は、ヤンさんの「Ｄゼミ」受講を契機とする問題の捉え直し及
びつながりの可視化をめぐり、探求を行った。ヤンさんは新入生オリエンテー
ションで持続可能性日本語教育という聞きなれない日本語教育に魅かれて「Ｄ
ゼミ」に入った。そこでの言語活動、すなのち、仲間との議論及び振り返りを
書く活動を通して、ヤンさんはこれまでの考え方とは違う視点にぶつかった。
議論と振り返りの記述という言語活動を繰り返す中で、ヤンさんは、学習者の
日本語学習意欲が減退しているのは、日本語学習を自分の生きることと結び付
けられないことからきているのではないかと考えはじめ、「ツールとしての日
本語教育」は、学習者の動機減退につながると捉え直した。他方、日本語その
ものの習得というより、日本語を用いて、生き方を考えれば、学習者にとって
日本語と自己の関連を見つけることが可能になり、学習者の動機付けが高まる
のではないかと捉え返した。このような考えから、ヤンさんは「持続可能な生
き方を追求する言語教育」を翻訳の授業に取り入れて、新たな教育実践を行っ

た。「内容重視」と「母語重視」という点から授業をデザインした結果、「ツールとしての日本語教育」の授業では、日本語ができないために「駄目な子」というレッテルを貼り付けられていた学習者、この学習動機が減退していた学習者だが、彼らも教室活動に積極的に参加するようになった。つまり、教室活動に参加できず、仲間から孤立する学習者がいなくなった。このように、言語生態の保全を通して、クラスメートに受け入れられ、肯定的に仲間から評価されることで、学習者の勉強意欲が向上し、積極的に日本語学習に取り組めるようになり、人間生態もよくなった。このように、言語活動と人間活動の一体化を通して、ヤンさんが悩まされていた学習動機減退の問題は解決でき、持続可能な生き方への追求も実現できた。

　以下では、図5-2に沿って、ヤンさんの持続可能性日本語教育の経験を契機とする問題の捉え返しとつながりの可視化をめぐる私の探究のプロセスを詳しく述べる。

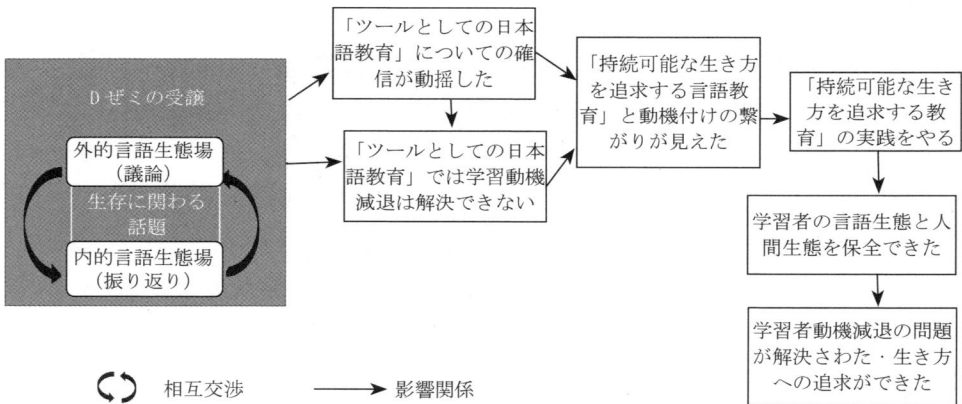

図5-2　ヤンさんの「Dゼミ」受講を契機とする問題の捉え直し及びつながりの可視化

5.4.1　「Dゼミ」での議論に起因する古い理念の動揺

　ヤンさんと同じで「Dゼミ」で勉強している私は、ヤンさんの今行っている研究は途中から変更したものであったことを耳にした。最初の研究計画では、ヤンさんは反転授業を通して、学生のコミュニケーション能力と自律学習能力を育てることにしていた。何故この研究計画が駄目なのか、その時のヤンさん

が何を経験したのかを知りたい私は、ヤンさんの博士コースに入った一年目の時の振り返りやゼミの録音などを集め、それらのデータから答えを探しはじめた。

　まず、私の目に映ったのは 2015 年 5 月 15 日のヤンさんの「D ゼミ」での初めての発表の資料であった。発表資料の研究背景のところにヤンさんは以下のように書いた。

　従来の教師主導・知識伝授型の一斉授業では、学習者が何をどのように学習するかはすべて教師に制御されている。中国の大学の日本語クラス定員はたいてい 30 人ほどであり、時間的制約により、知識の伝授に重きが置かれ、授業で教師そしてほかの学習者とやりとりする機会が与えられる学習者が限られており、コミュニケーション能力の育成が阻まれるばかりか、学習者の自律性も奪われていくことになる。それに、大学の定員拡大で、量的にも質的にも学習者が変りつつあり、現場ではまったくやる気のない学習者も見てきた。

　認知主義の学習論にもとづけば、学習プロセスは学習者の中で起っているものである以上、学習者自身が学習を制御することが重要である。しかし、自律の程度にはさまざまな段階があり、自律性の乏しい学習者に対して教師による自律学習能力形成と自律学習支援が必要である。このような背景に、学習者の自ら学ぶ力を引き出す指導形態を検討しなければならない。

　本研究では、以上のような背景を踏まえ、精読授業においてマイクロレクチャーによる反転授業を実験的に試み、それが日本語学習における学習自律能力促進の有効性及び日本語習得に及ぼす効果を検証する。（2015 年 5 月 15 日ヤンさんの発表資料）

　この発表資料を読んで、ヤンさんは従来の一斉授業の問題点（「コミュニケーション能力の育成が阻まれる」と「学習者の自律性も奪われていく」）と、さらに、「やる気のない学習者」が増えていることに危機感を感じ、学生の自律的学習能力を育てることでそうした現状を打開できると考えていることが分かった。そして、ヤンさんがそのために考えた教授法は反転授業という方法であった。ヤンさんは、反転授業により学習者の学習動機を高め、自律的学習能力を養成できるかを検証する実践研究を提案した。ヤンさんのこのような提案

を巡って、ゼミではどのような議論が展開されたのか。そして、ヤンさんはどういう指摘や助言を得たのか。以上の問いをもって私は、その日のゼミの録音を再生した。

　その日の「Dゼミ」では、ヤンさんは「恥ずかしいものを皆さんにお見せします」という言葉で自分の「Dゼミ」での初めての発表を始めた。続いて、ヤンさんは丁寧で緩やか口調で自分は自律学習を研究したい、学生のオートノミーを育てるにはいろいろな方法があるが、自分がやりたいのは、反転授業を通して、学習者オートノミーを育てることだと説明した。それから、切論がゼミ生の間で行われた。以下はその一部である。

光さん：私が一番疑問を持っているのは、どうして精読授業なのか。

ヤンさん：精読授業には、説明しなければならない内容が一番多いから。

秋さん：ヤンさんは学生に自律学習でやってもらいたいのは、文型のことを自分で理解してもらうということですか。

ヤンさん：まずは、概念を明らかにしなければならないですね。私が言う自律学習は自分で勉強することだけでなく、勉強に対して、主体的に学びたいという意識があって、そして、自分の勉強をちゃんとコントロールできることが私の言う自律学習です。つまり授業中の時も受け身で授業を聴くのではなく、それは自律学習ではなく、授業中でも、ちゃんと自分の勉強したいことが分かって、積極的に勉強する姿勢を育てたいと思います。勉強の責任を教師から学生に転換させたいと思います。

蛍さん：自ら勉強することですね。つまり、やる気が必要ですね。やる気はどこから来るんですか。

ヤンさん：やはり、内的動機付けと外的動機付けが必要です。面白い授業をして、やる気を引き出したい。

朴さん：面白いだけで動機づけられますか。

ヤンさん：面白いだけでは足りない。なるべく、動機づけにはいろいろな方法がありますけど、その中には、一つは授業を改善して、できれば、学生の勉強したいことが勉強できて、面白いなと思うような授業をしたいのです。一番難しいのはやはり反転授業のコースデザインです。

蛍さん：コースデザインはずっと後のことだと思います。ヤンさんのやりたいの
　　　　は、どのようにして、学生の勉強したい気持ちを引き出すかでしょう。

ヤンさん：今までの一斉授業では、学生は決まった席に座って、授業内容から、
　　　　進度、評価まで、全部教師一人でやりますね。そのようにして、学生は受
　　　　け身的な形になりますね。反転授業になると、反転授業なら、教師の立場
　　　　が変わります。教える人ではなく、学生の学習を促進するファシリテーター
　　　　の役割になります。つまり、学生は自分で家で勉強をして、分からないこ
　　　　とがあったら、積極的に授業の時、教師に質問して、一緒に問題を解決す
　　　　る主体的な姿勢が求められています。

蛍さん：学生の勉強する意欲を高めたいということですか。もし、ヤンさんが教
　　　　壇に立って（いるとき）、学生が勉強する意欲がなくて、遊んだりしている
　　　　としたら、その学生が、どうして家でヤンさんの教えている動画を見ると
　　　　考えられるのですか。その保障はどこにありますか。

光さん：授業の時に聞かなくて、何故授業以外の時間に授業の内容を勉強する気
　　　　になるのですか。

　ヤンさんは先行研究を引きながら、「教室内の時間が節約できる」、「個別指
導ができる」という反転授業のメリットを強調した。その時、それまでずっと
黙っていたゼミ生の雪さんが次のような話をした。

雪さん：私はヤンさんが書いた資料を読んで、自分の研究ですね、事前準備とい
　　　　うステップがあるので、反転授業はもしかすると、学習者は授業の後、自
　　　　分でビデオを見るとか、それは、授業のために、一生懸命に準備するので
　　　　はないかというふうに私は理解していました。つまり素材の一つ、それだ
　　　　けを使ったら、たぶんモチベーションを高めることができないと思います。
　　　　もし、プラスして、自分が何かを考えるとかをいれたら、授業でコミュニ
　　　　ケーションの力とか、それが、私が創造できる範囲の仕方ではないですか。
　　　　ただ、ビデオを見せて、宿題のようにやったら、あまり、自律学習とつな
　　　　げられないと思います。特に、中国の学習者の特徴は先生が指示を出した
　　　　ら、さっさとやるというタイプが多いので、なかなか自分で考えたくない
　　　　とか、自分でやりたくないとか、内的動機が出てこない。そこは、ちょっ

　と話を聞いたところ、反転授業は形は悪くないですが、それだけでは、自
　律学習とは言えないです。

　雪さんの話を聞いて、ヤンさんはその話に打たれたようで、「ああ～」とた
め息をついて、黙り込んでしまった。そして、しばらくしてから、ヤンさんは
話しはじめた。

ヤンさん：先行研究なんかうまく整理できていない、まだ自分のものになってい
　　　　　ない、皆さんからの質問にうまく答えられないところが結構多いですね。
　　　　　これから、もっと勉強しないと……
　ヤンさんの声はテンションが低く、すっかり気分が落ち込んでいることを、
私は録音を再生しながら強く感じていた。先輩たるもそれに気づいたようで、
「誰でも自分の研究を始めるときは、自分の研究は恥ずかしいものだと思う」
とヤンさんを慰めていた。その時までゼミ生の間で展開される議論を静かに聞
いていた希先生が口を開いた。

希先生：反転授業はそれに合うもの、合わないものがあるんじゃないですか。大
　　　　学教育、言語教育に持ってきていいのか、意味があるのか、というふうに
　　　　思う。ただ、意味がある場合の前提というのは、ゴールがクローズド、決
　　　　まったものというふうに学生に教え込むとか、という時に反転すると穴が
　　　　できてますね。自分が知りたい、授業の時に、答えてもらう。だから、効
　　　　果がある。その限り効果がある。言語は閉じたルールのセット、閉じたと
　　　　いうのは、決まったルールの組み合わせというふうに、学生に教え込むか、
　　　　学生に理解してもらうかということを考えた時に、いろんなインターネッ
　　　　トを使って、ある程度分かった、あるいは、ある程度疑問に思った、今度、
　　　　対面の授業の場で、疑問を解決したよね、というふうにして、理解の定着
　　　　が高まるということだと思う。だから、それは自律学習と何の関係がある？
　　　　自律学習がそもそも出てきたのは、70年代だけれども、コースにいる間は
　　　　決まってるわね、授業で学べるという間は、一年か、二年か、決まってる
　　　　じゃない。第二言語学習の場合は死ぬまで続いていくわけで、だから、コー

ス終了した後の学習を継続させるためには、コース中にどういうふうにやれば、続けられるのか、コースにいる間に、全部先生に任せてもらっている場合は先生がいなければどうなるかわからないですね。だから、そうではなくて、学生がコースが終わった後で、それこそ、自律的に学習の素材を見つけたりね、要すると、どうやるかを考えてみたり、それから評価してみたり、というメタ的なことですね。自分の学習を自分でコントロールという力をコース中でどうするかという。個別学習なんかとは全然違う。学習を継続させるには、コースが終わっても、学生が自律的に学習の素材を見つけたりね、それから、どうやるかを考えてみたり、どう評価してみたりするとかね。そういう力を身に付ければ、コースが終わっても、自律的学習できるわけだよね。反転授業だと、何かを正解とすると、正解が閉じていたじゃない？閉じた物を教えるのには、効くと思う。言語って閉じていない。広がっている。言語は本当に意味があるじゃない？閉じたルールのセットじゃない。閉じたルールのセットを身に付けて行けば、言語能力が身に付けていたというわけではない、今度は何で、マイクロレクチャーの形で、先生はまず切り取ってね、そういうのを学生に疑問を引き出して、その疑問に答えるのが自分の授業が言ってもね。ちょっと何か、寂しいかなって。それに自律学習、学生のオートノミーを育てる時に、どういう紀律を自分の中に内化するか。

　希先生は自律学習とは何か、「言葉は閉じたルールセットではない」「反転授業が学生の自律性を育てられない」とひとつずつ詳しく説明した。希先生の話を聞いて、私は自律学習の専門家である青木先生がよく教職向けの学生に言った言葉を思い出した。「授業で、教師の沈黙は金なり」。つまり、教師が学生を信頼して、待って、学習のことを自分で決めるチャンスをあげるべきだという意味だと思う。しかし、従来の日本語教育は日本語をツールとして捉えて、知識の熟練を授業の目標にする。学生はコースにいる間、先生に依存し、教科書に依存し、学習の客体であることに慣れたら、一旦先生の下を離れたり、決まった教科書を離れたりしたら、これからどう学習していけるか分からない状態になる。ヤンさんが「Ｄゼミ」で提唱していた反転授業は予習と復習の順位が変わるという形式的な変化はあるが、日本語をツールとして捉え、教師主導とい

う本質の変革には全然触れられていないため、そもそも自律学習としてなかなか成立しえない。

　録音を通して希先生の話を聞いて、私も自律学習についての理解を深めた。その時、ゼミで希先生のそばに座り、希先生の話を聞いていたヤンさんは、きっと感銘を受けて、それまでの古い理念を捨てて、新しい認識ができた違いないと私は思った。この推測を確かめるために、私は、ヤンさんにインタビューを依頼し、3回目のインタビューを設定した。

　3回目のインタビューでは、私は自分の推測を確かめるために、ちっくりと質問をした。

趙　：先生の話はヤンさんの中にきっと響いたんじゃないか。ヤンさんはその後、反転授業を諦めて、持続可能性の理論に目を向けることにしたのか?

ャン：（眉を顰めて）そうじゃないよ。確かに、議論を通して、私は違う視点で反転授業を考えられるようになった。その時、私は先行研究をいろいろと当たったよ。反転授業に関する論文をいっぱい読んだ。例えば、有名な化学の授業で反転授業を用いるケースの論文。その時、反転授業は中国の大学でブームになっていた。実際、今もいままさに発展の最中にあって、中国国内の「日本語教学大綱」もそれを蘑ある傾向がある。だから、周りに反転授業を提唱する声が溢れたので、そんな環境に置かれていた私は、自然に心から反転従業はいいものだと納得できた。その時、反転授業を用いて、動機付け減退の問題を解決しようと思ったので、やるつもりだった。でも、ゼミでの議論を通して、私は初めて違う視点で反転授業を見られて、反転授業も万能なものではないと気付いた。私は前に、いろいろ本を読んだ。本に書かれた内容は反転授業を通して、学生の動機がアップさせられたというものばかりだったが、ゼミで初めて違う意見を聞くことができた。その時、希先生がゼミでいろいろ話してくれたが、私はまだ希先生の理念についていけなかったせいか、私の中にあまり響いていなかった。でも、ゼミ仲間が言った学生が授業で勉強しないことをいかに授業以外の時間に勉強させられるのかという話に対して確かに私は答えられないのだ。実際にやる時、それは確かに容易に遂げられないことだと思う。だから、皆さん

の話を聞いて、確かに私は違う視点で反転授業を考え直させられた。先生
の話なら、例えば、「言葉は対面で話し合うものだ、反転授業では面対面の
交流が失われてしまう。だから、言語生態の状態が良好とは言えない」。こ
の言葉が印象に残った。私はそれを一度覚えたけど、その時、私にとって
はただの外の声で、まだ私自分のものになっていなかった。(2018 年 12 月
14 日　インタビューの訳文)

　ヤンさんのナラティブから、ヤンさんが反転授業を用いて、学生の自律的学
習能力を育てたいと考えた理由が分かった。当時反転授業が中国ではブームに
なり、中国の大学では反転授業のような最新の手段や技術を教室に取り入れる
ことを奨励する傾向があった。それに、いろいろ先行研究を読んで、反転授業
が学生の自律学習を育てることに有効だという説を知った。したがって、ヤン
さんは反転授業の可能性を信じており、自分の教室に取り入れようとした。こ
のように、ヤンさんは外部からの知識をそのまま受け入れることに慣れていた
ことが分かる。これはそれまで受けた家庭教育と学校教育に関わると考えら
れる。

　ヤンさんの話を聞いて、私は自分の大学時代の経験を思い出した。ある授業
で、クラスメートの Z さんが発表する時、先行研究から引用した内容を間違え
ていた。先生に指摘された時、Z さんが自分のせいではないとして、「それは本
から引用したものですから」と言い訳をした。この言い訳に対して、先生は「そ
れは理由にならないよ。本に書かれた内容が全部正しいわけではない。批判的
な目で見るべきだ」と激しく叱責した。私は先生の怒った姿に深い印象を受け
た。先生の話には一理あると思った。しかし、批判的な目で見るとは具体的に
どのようにすればいいか、私にはいくら考えても、答えが出なかった。

　ヤンさんの経験を語り直すうちに、私は前から持っていたこの疑問がいくら
か解けたような気がした。幼いころから、親と先生から正解が唯一だという教
育を受けてきた私は、外部からの知識をそのまま頭に入れることに慣れていて、
「批判的な目で見るべきだ」と言われてもどうすることなのか分からない。そ
れに、批判力が育てられていない私たちは、自分の中に疑問を持っていても、
自力でなかなか答えを見つけることができない。したがって、ヤンさんに、古
い理念の枠組みから飛び出して、違う視点で反転授業を見ることを促したもの
は何か、読者と一緒に考えてみたいと強く思った。

　ヤンさんの変化を促すのは勿論ゼミでの議論だと思う。岡崎（2009a:44）は次のように指摘をしている。

　視座がちがうということは、実は別の世界に住んでいるのと同じようなところがある。自分「これが世界だ」と思っている「世界」が、実は「コトの真相」の半分しか見ていない結果であることも起こり得る。「コトの真相」の残りの半分があることに気付くと、見えてくるものがある可能性がある。

　ゼミで、みんなが自分なりの考え方を主張したことで、ヤンさんは、それまで全く耳にしたことのない声を聴くことになった。そして、この聞きなれない声が、ヤンさんにとって、自分の考え方を見つめなおし、考え直す触媒になったと考えられる。

　2015年5月15日のゼミでは、希先生の理念やゼミ生たちの考え方は、ヤンさんにとっては受け入れられない部分が多くあった。しかし、議論によって、ヤンさんは古い理念の枠組みから脱出し、違う視座で物事を見始めた。このことは、ヤンさんにとって、大きな転換だと考えられる。前に、体調の崩れというつらい経験をしてから、ようやく自分のやり方を見つめ直したヤンさんにとって、それは如何にありがたいことであっただろうか。この転換後、ヤンさんが何を反省したのか、これから、自分の研究をどのように進めたいと考え始めたのか、より詳しく知りたくなった私はヤンさんの5月15日のゼミの振り返りを開いた。

　（前略）ゼミのメモを整理するとき、みなさんから「どうして精読授業ですか」「精読授業にはどんな問題がありますか」など問題意識のことに関する質問を考えて、出発点を改めて確認できた。博士コースに入るのは別にさせられるのではなく、自分から成長を求めるためなので、もう学位のこと、大学のことを気にしないで、とりあえずやりたいことに集中すろ。10年近く日本語専攻の基礎日本語の授業を担当して、学生の変化を身近に感じた。2007年の時は、24人ぐらいのクラスでは日本語が第一志望の学生がほとんどでしたが、2010年に入ってからそれが減る一方で、2013年に持つクラスでは第一志望の学生が4人しかいは以ん。それだけでなく、勉強のできる学生が志望する理科系の学部に転部したりして、途中で成績が悪くて中退させられた学生、あるいは自らの意志で大学をやめた人もいろ。

　まじめに勉強する学生は大部分ですが、どうしても日本語の勉強に興味がなくて、授業中携帯を弄ったり、たまに寝たりする学生もクラスに必ずいろ。しかし、そんな学生でもかわいい子が多くて、部活で活躍していることもよくあろ。少子化の発展に伴って、勤務校のような理科系大学では、この状況がさらに深刻になっていくと思う。一方で、勉強に真面目な学生も就職の時、コミュニケーション能力の低下、あるいは一身上のことで（たとえば、顔、体つき、両親の人脈など）理想の就職先がなかなか見つからず悩んでしまうこともあろ。普通の教師である私が、微力ながらも学生のために何かしたい気持ちが強い。そこから学生が自律学習の能力を身につけたら、時間の無駄使いも減り、学習の効果も向上できると思うから、自律学習のことに着眼し始めた。しかし、勉強不足で視野が非常に狭くて、考えも幼稚だ。学生がつまらないと思いがちな文型、説明の部分を動画に作って、授業中面白い活動をデザインできたら、学生のやる気が引き出せると思い込んでいた。先生とみなさんのコメントのおかげで思い込みであることに気づいた。「言葉が閉じていたルールのセットではなくて、もっと広がっていく」という先生の言葉に醍醐味を味わった気がすろ。18歳から日本語の勉強を始めて、20年近く経った今でも言葉の勉強と言えば、語彙と文法の勉強であるという考えからまだ解放されていをい。よく考えてみると、いくら上手に動画を作っても、つまらないものはつまらないと学生が思う可能性があろ。根本から問題を解決するには、やっぱりこれからの人生を切り開くには日本語の勉強とどういう関連づけを持っているかを学生に分からせないとできをい。それを明らかにしてから内発的動機づけができて本当の自律学習が成立するだろっ。（2015年5月15日　ヤンさんの振り返り）

　反転授業や「ツールとしての日本語教育」についての思考は、授業中の議論の間に留まらず、その議論の振り返りを書いている時も、続いていたことが分かる。議論の中で、自分がもともと持っていなかった、自分のとは違う視点にぶつかることで、ヤンさんは視野が広がった。また、ゼミ後の振り返りはヤンさんに内省の場を提供した。ヤンさんは振り返りを書きながら、反転授業に取り組みたいと考えたことは、就職難や学習動機減退の問題を抱える学生を助けたいという自分の信念に由来しているとして、ヤンさんは、自分の教員としての初心が何なのかを改めて整理できた。そして、反転という形式上の変化は学

習動機付けには繋がらないことに気付き、自分の授業の仕方を見直した。ゼミでの議論によって反転授業が解決策としては「駄目」ではないかと気付かされたヤンさんは、次に、ゼミでの議論の振り返りを書くことを通して、さらに、何故反転授業が駄目なのかと、考えを整理して、内省を深めたと言える。

　ヤンさんのこの振り返りを読んで、私はヤンさんが書いた日本語専門の学生が直面している就職難の厳しい現実に衝撃を受けた。王（2018：1）は中国における日系企業の相対的地盤沈下に伴い、「半数近くの日本語専攻の卒業生が日本語に関係ない仕事に従事している」と指摘している。つまり、私とヤンさんが経験した「成績が良ければ、良い職に就ける」という時代はすでに一変していたのである。今の日本語専攻の卒業生は深刻な就職難に直面している。ヤンさんの振り返りを読んで、彼女の学生を助けてあげたい気持ちの真実性が私の深い所に届いた。教師は、どのようにして学生を助けられるか、どのようにして学生の未来に本当に役に立てるのかは、ヤンさんだけでなく、我々教師が考えなければいけない課題である。

　ゼミでの議論を通して、ヤンさんは自分の形式重視や日本語をツールとして捉えるやり方を捨てて、「内容重視」に向かおうとしたことが分かったが、ヤンさんの追求が順調に進んでいったかどうかを知りたくなった私は、またヤンさんに次のように質問をした。

5.4.2　新しい理念との出会い

（1）新しい理念の衝撃

趙　：「Ｄゼミ」入ってからは？

ヤン：その時、「Ｄゼミ」に入って、持続可能性日本語教育に出会った。反転授業が駄目だと分かってから、自然に持続可能性に日本語教育に目を向け始めた。最初は、その理論は私にとって、すごく衝撃的なもので、完全に理解しうる理論ではなかった。それは、それまでの私が、日本語教育は日本語を教える教育で、日本語教師は日本語を教える教師だと思っていたから。でも、ゼミに入ってから、持続可能性日本語教育は生き方を探ることを目標とするとわかった。日本語能力の育成が逆に副次なものになる。それは、私のずっと持っている理念とは……衝撃的なものだね。数多くの人が私と

同じ経験を持っているかもしれない。最初、言語生態学という本を読んでいた時、なかなか読み進めることができなかった。一日かけても、序言の何ページを繰り返して読む状態だった。日本語がわからないわけではないけど、ただ言語生態、人間生態、自然生態、それぞれどんな意味なのか私は完全には理解し得なかった。率直に言って、その時、持続可能性の理論は私にとって結構遠いものだと思っていた。自分の研究とどんなつながりがあるかさっぱりわからなかった。（2018 年 12 月 14 日　インタビューの訳文）

　ヤンさんは持続可能性日本語教育に目を向け、現場の学習動機減退の問題を改善しようと考えた。しかし、当初、持続可能性日本語教育の生き方を探ることを授業の目標にして、日本語能力の育成が副次的なものにするという理念はヤンさんにとっては、衝撃的なものであった。それはヤンさんが前にしっかり持っていた「ツールとしての日本語教育」という教育ビリーフと正面から衝突する理念だったからである。

　ここで、私は改めて、「持続可能性言語教育」を説明したい。言語教育は、「ツールとしての言語教育」と「内容重視の言語教育」に大別される（岡崎 2009:xvi）。岡崎（2013:2）は以下のように「持続可能性言語教育」を特徴づけている。

　目標言語の能力を、何らかの目的のためのツール（道具）を得ることを目指し、養成するという「ツールとしての言語教育」と比べ、「内容重視の言語教育」の方は、読み教材、リスニング教材がテーマとしている内容、例えば環境、持続可能性、そのものを内容とする。「持続可能性言語教育」は「内容重視の言語教育をさらに進化させた」ものである。したがって、持続可能性言語教育の目指すものは言語能力の育成ではなく、「持続可能に生きる展望と力を育むこと」である。

　中国の大学教育における持続可能性日本語教育に関する実践研究も展開しつつある。例えば、楊（2009, 2010）、劉（2011a, 2011b, 2012）、秦（2012, 2015, 2018）、唐（2019）、楚（2020）などが挙げられる。しかし、それらは始まったばかりであり、中国の大学教育においては「ツールとしての言語教育」が主流である。し

たがって、ヤンさんは持続可能性日本語教育に出会った時、自分の慣れ親しんでいる日本語教育とのあまりの違いに衝撃があったのだと考える。そして、この衝撃をどのように受け止め、対峙していったかを探ることにした。

（２）内省による理論と実践の接点の可視化

　第２章の個人的出発点で書いたように、「Ｄゼミ」での議論の在り方を始め持続可能性日本語教育という教育の理念も含めて私には馴染みがなく、特に最初の半年はゼミに対して透明人間のような関わり方をしていた。しかし、その後の「三流大学」をめぐる議論が契機になり、私は「Ｄゼミ」での議論の在り方や持続可能性日本語教育の理念を理解するようになった。成績を唯一の評価基準とする教育の影響を受けた私は、「三流大学」とされる勤務校の学習者は最初から質が悪いと思い込んでいた。そこで、現場で、問題に遭うと、学習者を責める一方であった。「Ｄゼミ」で、その「三流大学」をめぐる議論を通して、「学生のなかには成績は良くないけど、他の面には優れたところがある人物がいるかもしれないね」というような違う視点にぶつかった。様々な視点のぶつかりによって、私は内省を促され、成績優位の評価基準を捉え直した。議論や内省の意味を意識し始めた私は、積極的に「Ｄゼミ」での議論に取り組み始めた。そのような議論と内省の繰り返しを経験し、私は「持続可能な生き方を追求する言語教育」の理念に納得するようになっていった。

　それでは、「ツールとしての言語教育」を確信していたヤンさんはどうだったのか。私はヤンさんの場合を知りたいと思った。ヤンさんは自分のストーリーを次のように共有してくれた。

ヤン：最初は、本当に衝撃的なものだったが、その本の後の内容を読み進めていくうちに、あるところが私の心の深いところまで届いた。それは自分の問題意識とぴったりと合ったので、興奮した。その後、希先生も当時先生が勤務していた大学でも無防備な状態で社会に出る大学生がたくさんいることが分かってから、言語生態学の研究を始めたとおっしゃった。その時ふと、動機づけ、自律学習を研究したい、あるいは反転授業の実践をしたいのは、そもそも学生を助けたい気持ちから出発したのではないかと思った。何で私は学生を助けたいのか。それは、その時の私は学生の立場が非常に

弱いと思ったからだ。学生たよは日本語に興味がない、大学四年間の生活をぶらぶらと送って、卒業を控えた時になって、自分は日本語ができないから、日本語関連の仕事ができないと気付いて、日本語関連の仕事ができなかったら、じゃあ、何ができるのかというような困惑状態に陥るわけだよね。そのような無防備な状態は本の中に書いてあることとぴったり合致したのよね。その時、これこそ私が解決したい課題だと意識した。その時、私は初めて、持続可能な日本語教育が自分のやりたいことと結び付いた。（高めの声で）そうだ、ここだ、これが最初のきっかけ。

趙　：つまり、「Ｄゼミ」での議論、あるいは何かを経験してから、持続可能性日本語教育の理念が受け入れられるようになったのではなくて、ただ、本を読むことを通して？

ヤン：本当にそうよ。その時今もはっきりと覚えているわよ。私は図書館でその青い本『言語生態学と言語教育』を読んでいて、理論と自分の研究との接点を見つけたの。その本に書いてある内容を自分の現場にリンクできたの。その本には「ツールとしての日本語教育」と「内容重視の日本語教育」を論じる部分があるのね。「学生の中に、学習目標を持っていない人がいる。つまり、将来、留学も仕事もしないので、日本語学習の動機がない」と書かれていた。それは私が教育現場で直面した問題と全く同じだ。その部分の内容を読んだ時、私は本の内容が、全て自分が言いたいことだという感じを持った。でも、前に進む方向は見つけたけど、どのようにその複雑な理論を自分の教育実践と結びつければいいかが分からない。しばらくの間私を困らせていたのはその問題だった。（2018 年 12 月 14 日　インタビューの訳文）

　理論の精読を通して、持続可能性日本語教育の理論と自分の実践の接点を見つけたとヤンさんは自分の過ぎ去った経験をそのように語った。ヤンさんはその時の経験を語った時、テンションが高くて、いつもの冷静なヤンさんの状態とは全然違っていた。ヤンさんが語ってくれた経験は彼女にとって本当に重要な意味をもっているのだろうと思った。それで、私はヤンさんの当時の振り返りを瓲げた。2015 年 5 月 22 日のヤンさんの振り返りに次のような記述がある。

　最近『言語生態学と言語教育』を読んで、第4章「生態学的リテラシー育成をめぐる課題と方法」の「非留学目的の日本語教育の課題と克服」のところに、動機の問題を取り上げられていることに気づいてうれしかった。

　他方、クラスの一部は留学するものの、多くが国内に留まり、しかも現実に日本企業に就職する者ばかりでない中国やインドにおける日本語教育クラスもまた同様に、動機の問題を抱えている。テスト目的という動機に限局化されがちである。特に中国では、現在では総学習人口においてアメリカのほぼ10倍の学習者人口を持ちながら、経済的な理由から、現実に留学に至る者の比率は大変低い。

　変動の下で個々の人々のこれまでの生き方では通用せず、新たな持続可能な生き方の追求が不可欠となっている」。「言語教育、とりわけ内容重視、その中でも持続可能性教育としての言語教育は、そのような文字通り社会的重責を担うカリキュラムを具現化する場として形成されつつある」。「日本語学習者も、まずは自国の現状について知ることが、自らの生き方の今後や、現在どちらの方向に向かって進んでいるのかを考えるための重要な出発点となる」。「それらを考え、そのために読み、書き、話し、聞くことを日本語教育において行い、そのような場を提供する言語教育として行うことが学習者の動機を形成する。

　まるで「燈台下暗し」だよね。答えは身近にありながらも、あちこち回り道をしていたことをおかしく思う。もちろん、今の私のレベルでは問題解決までは道のりが遠いことを十分わかっている。持続可能性日本語教育に基づいて、精読授業をどうやったらいいか勉強しなければならないと思ろ。でも、森で迷子になった時、木の葉の隙間から差し込んだ光が見えたのと同じで、方向が分かって心強い。（2015年5月22日　ヤンさんの振り返り）

　ヤンさんは自分の方向を見つけたことの嬉しさが紙の上にありありと現れている。私もこの記述を読んでヤンさんの努力がいい結果となったことを嬉しく思った。ヤンさんは持続可能性日本語教育の理論が自分の研究とどういう関係があるかが、わからなかったが、読書を通して、日本語を留学や仕事などのツールとして捉えるとすると、日本語で留学や仕事をしない学生の場合、学習動機

が生まれないという因果関係をヤンさんは見つけた。ヤンさんは、「ツールとしての日本語教育」では、好むと好まざるを問わず、学習者の動機減退につながると捉え直した。そして、日本語そのものの習得というより、日本語を用いて、生き方を考えれば、学習者にとって日本語と自己の関連を見つけることが可能になり、学習者の動機付けに役立つという理解にたどり着いた。このような、見えなかったつながりが見え、現象間の関係の可視化を通して、ヤンさんには問題解決の方向が見えた。

　実際、方向を見つけたのはヤンさんだけでない。ヤンさんが引用した「言語生態学と言語教育」の内容を読んで、私は自分の実践を振り返って、いろいろ考えた。以前の私は学生に日本語をよく勉強させるために、厳しい仮面をかぶって、力づくで学生に日本語を学ばせたが、結局、逆に健ちゃんのような後ろ向きになる学生を生み出してしまった。その時の私はそのような結果が出ることを非常に辛く感じており、自分が教師の仕事に向いていないとさえ思えた。その後、学生の日本語学習意欲をアップさせるため、私は講座やワークショップに行ったりして、最新の教授法を学んでは、自分の教室に取り入れるということに努めた。しかし、その方法はあまり効果がなかった。原因を探ると、やはり私は日本語がツールだという考え方に縛られていたからだと思う。

　ここで、私は希先生の「日本語をツールとして捉えるのには限界がある」「言語は閉じたルールのセットではなく、もっと広い可能性を持っている」という言語に対する新たな理念への理解が一層深まったことを感じた。以前、日本語教育を「ツールとしての言語教育」と捉えていた私は、日本語授業の目標を日本語の知識を伝授することに限定していた。学生にきれいな日本語を身に付けさせるため、私は強力に、学生にいろいろタスクを課した。しかし、学生に身になれば、彼らには、日本語の知識に留まらず、大学でもっと広い世界を知りたい意欲があるのではないかということに全然気を遣わなかった。ヤンさんのナラティブを書き直す中で、私は健さんに関する記憶が蘇って、自分のかつてのやり方を見つめ直してみた。私の記憶の中で一つのことが非常に印象深く残っている。私は、ある時、学生の晩自習の出席をチェックに行った。そして、私は健さんが日本語の勉強をしておらず、ソフトウェア開発に関する本を読んでいたことを見つけてしまった。それを見た瞬間、怒りが込み上げてきた。その時の私は、大事な時間に日本語を勉強せずに、まったく関係ない本を読んで

いる健さんを見て、健さんは本当に「駄目な子」だと思った。健さんは、日本語よりもっと広い分野のことを知りたいのかもしれないということには私は、全然気づかなかった。その時、私がいくら健さんに個人指導をしても、「勉強しなさい」と説教しても、効果は出てこなかった。逆に、私の抑圧に反発したようで、健さんはさらに日本語学習に後ろ向きになっていった。日本語をツールとして捉える方式を捨てて、日本語教育がもっと広い可能性を持っていることに目を向けることは、私とヤンさんに限らず、中国の教育現場の教師たちにとって、意義のあることだと思われる。

　しばらく自分を困らせていた疑問が解けたことに私は満足だった。他方で、ヤンさんが、理論と研究の接点が完全に本を読むことを通して見つけられたと強調していることに何となく引っ掛かりを感じた。インタビューのヤンさんの答えも振り返りにヤンさんが書いた内容からも彼女が依然として「本から正解を得る」という習慣を持ち続けていて、その点が何ら変わっていないことを意味するのではないかという危惧を抱いたのである。

　こうした自問自答をしていた時、希先生の「人と人の関係が学習のリソース」という声が突然私の中に響いた。「Ｄゼミ」に入ってから、ヤンさんが本から学んだ知識をどのように内化するか、ゼミでの議論がヤンさんの思考の深化に役立つのか、私は探求しようとした。そこで、ずっと私の中で疑問として固まっていること①を私は次のような問いにしてヤンさんに聞いた。

趙　　：何で、長い間、ヤンさんはゼミでの議論にあまり参加しなかったの？
ヤン：そうね。一つは、私は慎重なタイプだからだよね。その時、希先生の理論をうまく理解していないので、ちゃんと理解できるまでは発言したくなかった。それに、午前のゼミでは、議論の話題が幅広いのだけど、私は、そのような話題をピックアップする理由が分からなかったのよ。希先生の理論を理解するには、理論書を読むことが一番手っ取り早いのではないかと私は思った。だから、その時の私の学習の中心は理論を読むことにあったのよ。）

---

① 私は、Ｄゼミに入ったばかりのころ、先輩のヤンさんはスクリーンの向こう側にいて殆ど発言をしなかったが、振り返りはしっかり書いていたということ。

趙　　：では、振り返りを一生懸命に書くことは？自分と対話すること？

ヤン：その時、私は他人の返事をもらいたいという考えを持っていなかったためかしら。ただ、自分の思考をまとめるだけだった。ゼミに参加したらきっと何か新たな発想があるのよね。だから、振り返りを書くことは私にとって、自問自答の場だったと思う。私は振り返りを書くことを通して、自分の思考を整理した。そして、これまでの学習習慣とも関係があると思う。前は私、振り返りは書かなかったけど、勉強は予習、授業、復習という形でしていた。復習もある意味の反省・振り返りだよね。ただ、前に学んだのは知識だったというところが違うだけ。でも、この振り返りのプロセスで、授業で勉強したり考えたことを記録しておきたいと思ったの。（2018 年 12 月 14 日　インタビューの訳文）

　ヤンさんの話を聞いて、私は改めて内的言語生態場、いわゆる言語の「心理的な領域」における相互交渉の意味を考えた。「心理的な領域」とは、「バイリンガルや多言語使用者の mind（知性、精神）の中での、ある言語と他の言語との相互関係の領域を指すとされている」（岡崎 2009：4）。従来から、日本語教育の領域では、日本語そのものはツールとして捉える考え方が支配的である。したがって、授業の目標は学生にきれいな日本語を身に付けさせることだとされており、我々教師は教室内でも、教室外でも、学習者にできるだけ日本語で話すことを要求する。授業中、学習者に日本語でロールプレイの練習をさせたり、授業後、テキストの朗読や暗記のタスクをさせたりすることで、言語そのものを身につけさせるという目的は一応達成できる。しかし、学習者を日本語でいろいろ語らせるとして、その語りの中身は何だろうかを、我々教師は見逃している。ヤンさんの場合、日本語で本を読んだり、振り返りを書いたりしていた。日本語で作業をしながら、中国語に置き換えて考える。そのような言語の「心理的な領域」の相互交渉を通して、ヤンさんは内省を成し、生き方の探求と学習動機付けのつながりを可視化できた。したがって、私たちは日々の教育実践に携わる時、言語そのものの習得というより、言語で何かを考えることがもっと大事だろう。

　ヤンさんは言語の「心理的な領域」における相互交渉を通して、生き方の探求と動機付けのつながりを可視化でき、理論と実践の接点を見つけたことが分

かった。他方で、ヤンさんの授業中の無口に対して、私は依然として違和感を感じていた。言語の「心理的な領域」と「社会的な領域」は互いに影響し合う関係にある。ただ、言語の相互交渉関係が「心理的な領域」に留まったとしたら、言語生態が良いとは言えないと考えたからである。

打開策が見つけられたのは理論の学びのお陰だと強調しているヤンさんは自分でも気づいていない事が何かあるのではないかと考えた私は、ヤンさんの振り返りを開いて、その答えを探しはじめた。

（3）議論によるヤンさんの思考の深化

2015年前期の振り返りを読んでいるうちに、ヤンさんの自身のアイデンティティについての反省を繰り返し記述していることに私は気付いた。

希先生のゼミに参加させていただいたおかげで、持続可能性日本語教育に触れることができた。勉強不足で分からないことは多いが、言葉が閉じていたルールのセットではなくて、もっと広がっていくもので、従来の文法重視・文型積み上げ型の日本語教育は「閉じた空間における欠陥工場」という斬新な（私にとって）言語教育観は納得できた。私自身もその「欠陥工場」の「欠陥製品」の例だと思う。学生時代から受験勉強だけに身を入れて、身のまわり以外のことにほぼ無関心な状態で、たまにニュースを見ても、それは遠い世界のことで自分とは何の関係もないと思っていた。結局、日本語以外に何もできなくて、恥ずかしながら日本語も上手ではな。（2015年5月22日　ヤンさんの振り返り）

「Dゼミ」に入ってから初めての発表を経験した翌週にヤンさんが書いた振り返りの一部である。ゼミで希先生が話した「言葉は閉じたルールのセットではなくて、もっと広がっていくもの」という話に触媒されたヤンさんは自分のことを反省した。従来の文法重視・文型積み上げ型の日本語教育を受けた自分を「欠陥工場」の「欠陥製品」に喩えたことから、ヤンさんがこれ以降古い理念を捨てることになることが予想される。

さらに、2015年6月12日の振り返りにヤンさんは次のように書いている。

ゼミで春さんが書いた振り返りについていろいろ話し合っ。私も今度の高級日本語授業で持続可能性日本語教育の視点から出発した「内容重視」の精読授

業の実践を試みたいので、春さんの実践の展開に関心を持っている。特に 3 回目の振り返りから授業のやり方について納得のできなかったり、突き放した考え方をする学生も出てきて、同じことに遭遇するのも考えられるので、その場合どう解決したらいいだろうか。

　まず、なぜ突き放した考え方をする学生がいるかというと、アイデンティティが狭いのが原因の一つだと考えられる。今の大学生は一人っ子のことで、両親、祖父母たちに可愛がられながら育てられてきた人が多い。子どもに奉仕すると言ってもいいほど両親は子どもにいい環境を提供するために全力を尽くしている。そんな環境で育ってきた大学生は、極端な場合、家事の手伝いも一切しないで、勉強一筋である。マスコミでも報道されましたが、大学に上がってからも、着換えた一週間分の靴下などの汚い衣類をまとめて家に持ち帰って、母に洗わせる人さえいる。自己中心で目の前のことしか見えないうえ、名門大学に入ったからエリート意識が高くて、『泣きながら生きて』の丁さんのような下積みの人間のことを自分とはまったく無縁の世界だと思いがちだ。また、ずっとエリートでいられるなら視野が狭いだけで生活面で大きな問題がないかもしれませんが、今の社会では受験勉強で勝ち残り、名門大学に入ったことはこれからの人生が保障されるとは言え存い。まったく無防備の状態で社会に出て、何かに挫折したらショックもその分大きい。なので、学生の広いアイデンティティを育てることは大変重要なことになる。

　では、どうやったら学生の広いアイデンティティを育てられるか。言語生態学は答えを出してくれた。それは自己を起点にして、コト・モノ・人と繋げて考えることである。しかし、それは私にとって一番難しいところだ。私自身も一人娘で、学生時代は受験のため猛勉強して、就職してからは授業のことだけに専念していて、ニュースもあまり見なかったのだ。最初、春先生の学生が『泣きながら生きる』についての感想を読む時も、学生と同じように、家族間の愛情しか考えられ存い。ですから、自分のアイデンティティを広げることは当面の急務だと思う。朴さんは先々週のゼミで社会、経済、政治などいろいろな本を読んで考えている話にまったく同感だ。教師として、思考力を持っていない限り、学生の思考力を育てることは無理である。世界と繋げて考える能力を身につけて、その成長のプロセスにおける自分の体験を学生に伝えたい。（2015年 6 月 12 日　ヤンさんの振り返り）

　ヤンさんの振り返りで言及されている春さんも「Ｄゼミ」のゼミ生である。その時、春さんは、中国に帰って、所属大学で持続可能な日本語教育を自分が担当する口語訳の授業に取り入れて、教育実践をやっているところであった。毎回、授業後、春さんが学生に授業の振り返りを書いてもらって、その後「Ｄゼミ」の皆さんがその振り返りにコメントをつけていた。第5回目の授業の内容は『泣きながら生きて』というドキュメンタリーであった。しかし、授業後の振り返りから、みんなが「それは個人的な選択だから、私と関係ないので私に質疑しないで、私はそんなことをしたこともないし将来もしないから」というニュアンスを読み取った。学生から期待する反応が返ってこなかったことが分かったゼミ仲間には焦った人もいるし、学生は視野が狭いことを理解した人もいた。

　ゼミであまり声を出さなったヤンさんはゼミ後の振り返りに丁寧に自分の見方を書いた。ヤンさんは前回のように、「自分が欠陥製品」と自分のことを責めるばかりではなく、学生のアイデンティティが狭いことを自分の成長歴とつなげて考えて、ろにその原因を探った。自分の経験とつなげて考えてから、ヤンさんは家庭教育と学校教育が学生のアイデンティティに大きな影響をもたらしたと推測したのだろう。さらに、ずっと「成績が学生の将来に関わる」という教育ビリーフを持っていたヤンさんだが、振り返りには「今の社会では受験勉強で勝ち残り、名門大学に入ったとしても、これからの人生で保障があるとは言えない」と書いた。

　以上のように繰り返し出てきた反省はヤンさんの深いところから語ったものだと考えられる。ヤンさんの反省を触媒した要因を考えて見ると、「Ｄゼミ」の様々な声があるからこそ、ヤンさんは違う視点で物事を見られるようになったのだと考える。教師や本から既成理論を勉強することに慣れたヤンさんは、そのような学習の仕方を簡単に否定できない。一方で、知らず知らずのうちに、ヤンさんの学習仲間と先生の声に結びつけられ、人から学ぶ芽が萌え始めたのではないだろうか。

　この自分の推測を確かめるために、私はヤンさんにまた4回目のインタビューをしようと思った。光陰は矢の如し、いつの間にか、2019年になっていた。夏に、私もヤンさんも来日した。したがって、私は4回目のインタビューを楓大学のドクター宿舎にすることにした。ドクター宿舎から楓大学まで歩けば、5分ぐらいだ。大変便利で、静かなところである。ドクターたちは普通年

に1、2回に日本に来て、その都度、ここに泊まる。暇な時、仲間とみんなで宿舎で食事会をしたりして、楽しい。仲間にとって、ドクター宿舎は暖かくて、リラックスできるところである。

　4回目のインタビュー時点では、ヤンさんはすでに博論の最終審査に合格していた。その日、和室の布団に座っていたヤンさんは気軽に、私の質問に答えた。

　まず、私は自分のリサーチテキストをヤンさんに見てもらった。ヤンさんの返事をもらうまで、ヤンさんが私の語り直しを認めてくれるかどうか、ちょっと自信がない私はヤンさんのそばでドキドキしていた。ヤンさんは私のリサーチテキストを手にして、しばらく真剣に読んでから、次のように言った。

ヤン：そうだね、趙さんが語り直してくれなかったら、私も気づけなかったところがあるよ。私は前、ずっと希先生の理論書を読むことを通して、いろいろ疑問が解けたと言ったけど、実際確かに、趙さんが書いたように、ゼミの議論は私の反省を促した。前に、読書が一番早い、「Dゼミ」での声は様々で、がやがやしていると思ったけど、今、趙さんと研究を照らして考えて見れば、そのような声が本当に欠かせないのだ。前の私はただ成績だけに目を向けるだけだったが、今は私は教育実践に人間生態も含める。アイデンティティが狭いというのは、前の私の考え方が一直線で、単一思考（単一要因思考）だった。つまり、成績、人生、成績、人生。良い成績を取れたら、良い大学に入れる、良い大学に入れたら、いい仕事に就ける。私自身、そのようなルートで成長したのだ。しかし、その後、自分の経験も参照して考えた。学生時代の私は成績が優秀だったが、今はクラスメートの中で一番成功している人だと思わない。学生も同じだね。日本語が上手であっても、将来、社会に出て、必ず成功を遂げるというわけではないね。時には、普通の学生より挫折を感じるかも。だから、希先生の人間生態と言語生態の統合の理念を受けた私はアイデンティティが広がった。私の人間生態への認識も深められた。希先生のゼミは、私にいろいろ考えさせた。（2019年7月15日　インタビューの訳文）

　ヤンさんが言った単一思考とは、言語生態学では「単一要因思考」と呼ばれるものである。それは「単一原因・単一結果」のものの見方、「ある問題の正

しい答えは１つ」「単一要因の特定」「単一要因の除去による解決」「問いは１つ、答えも１つ」「１つとは１つのコト・モノ」の思考方法であると岡崎（2009：40）が指摘している。ヤンさんは自分のアイデンティティが狭いことは単一思考に由来すると考えた。単一思考により、「良い成績を取れたら、良い大学に入れる、良い大学に入れたら、いい仕事に就く」という考え方を持っていて、教師としての自分は「日本語を教える人」だというアイデンティティが形成されたとヤンさんは反省した。さらに、ヤンさんは「単一要因思考」という思考形式を形成したか、その要因は、ヤンさんの成長歴にかかわり、特に幼い頃から、家庭や学校から「ある問題の正しい答えは１つである」（岡崎 2009：37）というパターンの教育に慣れてきたためだと考えられる。「Ｄゼミ」の様々な議論によって、ヤンさんは視野が広がった。そして、「ツールとしての言語教育」を受けた自分の経験を振り返って、「ツールとしての言語教育」を改めて捉え直して、ツールとしての言語教育をやめて、「持続可能な生き方を追求する言語教育」をやることに決心した。

　続いて、ヤンさんは自分が 2015 年 11 月に書いた図を見せてくれた。

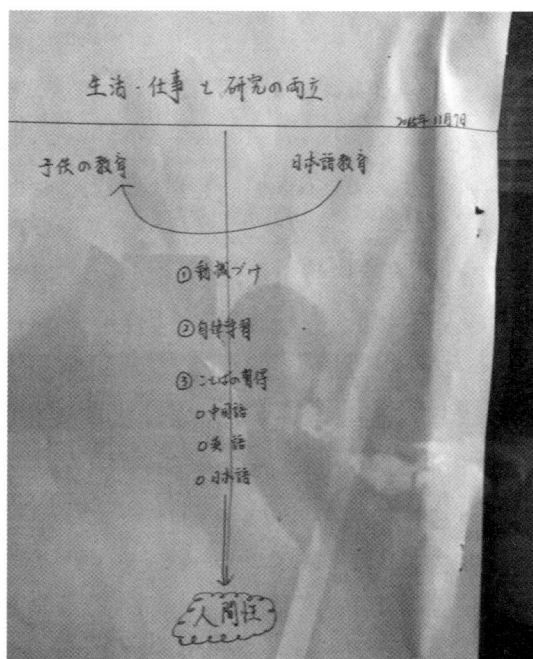

図 5-3　ヤンさんの自作図

この絵を見て、2015 年 11 月に、ヤンさんは「D ゼミ」の受講を通して、前に思い描いていた反転授業を諦め、持続可能性日本語教育のアプローチを援用し、人間活動の追求と教育活動の追求を統合したいことが分かった。

　ここで、ヤンさんはどんなことに悩まされていたのか、その要因は何なのか、これからどう解決しようとするのかというような問題を私がヤンさんとの相互交渉によって、明らかにした。ヤンさんのストーリーはここまで「終わり」のようだが私はさらに探求を続けたいと思った。ヤンさんは持続可能性日本語教育の理論に依拠して、人間活動の追求と教育活動の追求を統合しようにしたが、ヤンさんのそうした試みや授業実践は順調に進んでいくのか。そこで、ヤンさんはどんな思考や試みを経験するのか。

5.4.3　「持続可能な生き方を追求する言語教育」の実践をやる

（1）教育実践のきっかけの発見

　持続可能性日本語教育を用いて、動機付けの課題を解決しようとヤンさんが、どんな模索を経験したのか、知りたいと思った私は次のように質問した。

趙　：では、その後実践することについて、どのような決断をしたの。ヤンさんは
　　　慎重なタイプだよね。いろいろ準備をしたでしょう。
ヤン：翌年、転機が訪れた。ある高齢の先生が間もなく定年になるというので、
　　　その先生が担当していた翻訳の授業を私が受け持つことになった。受け持
　　　つ前に私はその先生の教室へ見学に行った。その時、私は授業を聴きなが
　　　ら、学生の反応を観察していた。その定年を控えた先生は男性の先生で、
　　　間もなく 60 歳になる。授業では大変丁寧に日本文学に関する翻訳内容を教
　　　えていた。板書も詳しく数多く書いた。本当に自分の仕事に大変熱心だっ
　　　た。しかし、先生の向こうに座っている学生達の反応を見ると、まじめに
　　　授業の内容を聞いている人はほんの少しだった。その時、私はその翻訳の
　　　授業の形を変えなければならないと感じた。変えるなら、学生の意見も聞
　　　いておくべきだね。だから、学生に調査をした。学生達は「授業の内容は
　　　文学だけど、将来、私たちは文学翻訳の仕事をしないし、学ぶ意味がない。
　　　それから、来学期先生が私たちのクラスを受け持つ時、私たちはすでに四

年生になって、就職などいろいろなことが現実的な問題になるので、先生にこれからの進路についても何か教えをいただきたい」と言った。授業の観察と学生の要望から、私は持続可能性日本語教育の実践をやるための本当にいいチャンスだと分かった。私は、翻訳の授業で私なりのものを実践しようと決意した。（2019年7年15日　インタビューの訳文）

　　先輩教師の授業観察を通して、クラスの数多くの学習者において動機減退という問題があるとヤンさんは確信した。ヤンさんは慎重に予備調査をして、学習者の生の声を聴かせてもらった。授業の実態と学習者の声から、ヤンさんは教育実践を施す自信を得た。また、翻訳の授業はヤンさん一人で担当するので、授業の内容から進度に至るまで全て自分一人で決めることができ、支障がなくなったヤンさんは「自分のものを実践しよう」と考えた。しかし、その「自分のもの」とは何を指すかと私は疑問に思った。私の疑問に対して、ヤンさんは次のように答えてくれた。

ャン：以前の私は、日本語の授業はつまり日本語を教える授業だと思ったが、「Dゼミ」に入ってから、自分の視野が狭いことに気付いた。これから、人間生態という点も自分の教室に入れようと思った。学生の人間生態と言語生態を統合しようと思ったのだ。

趙　：つまり、学生の人間生態と言語生態には問題があると思ったんだよね。

ャン：そうよ。例えば、私の研究対象、その動機減退の学生、蔡さん（仮名）のことだね。動機減退の時、彼は言語生態も人間生態も良い状態ではなかった。人間生態を例にすれば、彼は日本語の勉強にあまり興味がなかったので、日本語がうまくなかった。それで、GW（グループワーク）の時、クラスメートは皆彼と一緒になりたくなかった。クラスメートの中によく彼と一緒にバスケットボールをしたりして、仲がいい仲間がいる。しかし、授業の時、一緒にグループを作って議論する時、彼の仲間でさえ、彼を入れてくれなかった。まず、彼は周りに認められていなかった。それに、日本語が下手で、授業や仲間に入ろうとしても入れなかった。だから、授業の時、彼は全然集中できなかった。だから、彼の人間生態は悪いはずだよね。で

は、何で、彼は人間生態が悪かったのか、それは彼の言語生態が悪かったからだと思う。彼は声が出せなったからだと思う。彼は日本語があまりできなくて、（授業で）中国語を話すのは先生の許可を得られないしね。彼は人間生態も言語生態も悪い模範例だ。従来の言語教育の教室では、彼が議論に参加できるかどうかは他の人の関心に入らないよね。彼自身がよく勉強しないからではないかとみんな考えるから。（2019 年 07 月 15 日　インタビューの訳文）

　ヤンさんが取り上げた蔡さんの例に、私は心を動かされた。実際、現場で蔡さんのような学生はどの教室でも見られる。日本語をツールとして捉えている従来の言語教育では成績が学生を評価する基準になる。したがって、蔡さんのような日本語をよく勉強しない学生は常に周りから「駄目な子」というレッテルを貼られる。通常、教師は蔡さんのような「駄目な子」により厳しく要求する。教師の権威で、授業の内容を聞かせたり、タスクをさせたりする。たまに、授業の後、学生を事務室に呼んで、相談してあげる教師もいる。

　私は、現役で職場にいた時、健さんにそのように対応していた。健さんは日本語に興味を持たず、授業中常に携帯電話を弄ったり、寝たりする。それに対して、私は授業で彼を責めたり、教室の外で、指導したりした。しかし、指導したといっても、その内容もただ、「両親のために、しっかり勉強しなさい。今よく勉強しなかったら、将来いい仕事を見つけられないよ」というようなことばかり説教した。しかし、私の話は健さんには響かなかった。健さんは相変わらずいつものように全然勉強しなかった。時間がいくら経っても、健さんの日本語の勉強はちっとも進歩がなかったので、だんだん授業で一言も言えない状態になっていった。徐々に、教室にいる健さんは透明人間になっていった。今振り返ってみると、その時の私のやり方はまるで、頭が痛いと言えば頭をなで、足が痛いといえば足を擦るという対応だった。人間生態と言語生態の間のつながりを私は全然見ていなかった。

　したがって、蔡さんのような学生に対して、ヤンさんはどのように彼らの人間生態と言語生態を改善するのか、興味を持って、私は次のように直球で聞いた。

（2）実践内容の設定

趙　：では、実際の実践をどのように行ったのか。

ャン：まず、この授業の内容は学生に自分と全く関係がないと思われた文学では
　　　ない。私の授業の内容は全部学生達が生活の中で直面する課題に関わるも
　　　のを選んだ。三年生、四年生の場合、すでに職場を決めている人もいるか
　　　もしれないが、誰しも、蔡さんも、これから、実際どのように仕事に取り
　　　組むのか、どのように生活するのかと考える意欲があるはずだよね。そこ
　　　で、内容上、学生と関連づけた。そうすれば、学生は声を出す意欲がでて
　　　くるよね。しかし、もし、以前と同じように日本語での議論を強制すれば、
　　　蔡さんは相変わらず日本語で声を出す力を持てないままだよね。でも、私
　　　の授業では、中国語で発言できるようにしたよ。すると彼は声を出す意欲
　　　もでるし、力もあることが示せるよね。それだと、彼の人間生態も、言語
　　　生態も保全できる。その蔡さんね、成績がずっと良くなくて、彼はたくさ
　　　ん長所があるけど、それを仲間に見せられなかった。でも、一旦、声を出
　　　せば、彼の持っている知識は明らかになる。彼は中国語が上手で、文才に
　　　も恵まれているので、日本語の成績が良い学生もびっくりした。それで、
　　　彼は仲間に認められた。そのすべてが彼の言語生態、人間生態によい影響
　　　を及ぼした。人間生態がよくなれば、言語生態を保全できる。(2019 年 7 月
　　　15 日　インタビューの訳文)

　　　日本語がツールだという古い理念を捨てて、人間生態の保全を自分の教室に
入れたヤンさんは「内容重視」を援用して、学生の興味を引き出し、さらに「母
語重視」することを通して、日本語能力が足りない蔡さんに日本語の教室で言
語を駆使する力をつけた。声が出せると、蔡さんの人間生態も改善できた。人
間生態が改善できて、周囲に認められた蔡さんは授業に参加する意欲も高まっ
た。それこそ、ヤンさんの学生の学習意欲をアップする目標が達成できたと言
えよう。言語生態と人間生態の統合を通して、教室にいる蔡さんも周囲に認め
てもらった。それは学生を複雑な気持ちをもっている人間として尊重したいヤ
ンさんを満足できる風景であった。

　持続可能な生き方を追求する言語教育を通して、ヤンさんが悩まされてきた学習動機減退の問題は改善できたとヤンさんは捉えた。他方、学生の反応はどうだったのか。学生にとって何か具体的に役立つことがあったのか、それを知りたい私は、次のように質問をした。

（3）学生からのフィードバック

趙　：では、これ（授業中生き方に関する議論）は彼らの生き方、就職などに積極的な意義があるの?

ヤン：もちろんあるわよ。彼らは考えることができるようになった。前は、ただ先生、どうしたらいいか教えていただけますか。父さん、母ちゃん、どうしたらいいか教えてと言っていたよ。私の授業で彼らは少なくとも自ら仲間と一緒に考えなければいけないということが分かった。それに、学生たちもこれには正解がないということが分かった。彼らは答えを探り続けて行かなければならない。（2019 年 7 月 15 日　インタビューの訳文）

　ヤンさんの答えを聞いて、私は共感を覚えた。従来から、学校教育では、教育者の方が学習者に学習計画を決めてあげ、学生に何をすべきか、何ができないのかを一つ一つと教えてあげる傾向がある。家庭教育の問題はちろに深刻である。近年、中国では経済成長が急速に進んでおり、新時代に生まれた大学生は、両親、祖父母たちに可愛がられながら育てられてきた人が多い。子どもに奉仕すると言ってもいいほど両親は子どもにいい環境を提供するために全力を尽くしている。子どもは幼い頃から、両親に将来名門大学に進学することを目標に育てられる。大学に進学できたら、次は留学するとか、公務員を目指すとかという計画を両親に命じられる。したがって、そのようないわば温室で育てられた学生たちは、教師や両親の指示に従い、行動することに慣れている。大学を出て、一人で様々な問題に直面した時、自分なりの考えを持たないで、流されるケースも多い。ヤンさん自身もそのような経験を持っている。したがって、ヤンさんは、より学生の思考力を育てること、学生に自分の生き方を探らせることの重要性が身にしみてわかるのであろう。

5.5　教師活動と人間活動の統合を強調したヤンさん

　ヤンさんが悩まされていた学習動機減退の問題が解決できたと同時に、ヤンさん自身にもいろいろ変化が起こった。「よく勉強すれば、将来良い就職できる」と学習者を強調していたヤンさんが、新たな教育実践では、学習者と対等な立場に立ち、一緒に議論して、持続可能な生き方を追求した。ヤンさんは学習者から信頼されるようになった。卒業した後も、生き方の問題にぶつかったら、相談に来る。同時に、教育実践で、学習者と生き方を探ったとき、ヤンさんは自分の生き方についても、いろいろ考えた。そして、仕事、育児について、自分なりの考えを持つようになった。このように持続可能な生き方について一定の展望を見いだしたヤンさんは心が強くなった。これまで持っていた仕事が続けられなくなってしまうという危機感から解放された。ヤンさんは、私の研究に参加し、自分の書いた振り返りを私と一緒に議論することで、自分自身のＤゼミ参加前後の経験を捉え返し、新たに意味づけることができた。つまり、以上の分析結果はヤンさんと私の共同作業の結果である。

　以下では、新たな翻訳授業の実践に挑戦していた時、ヤンさんにとっての教師活動と人間活動はどのようになっていたのか、統合の方向に向かっていたのかをめぐる探究の結果を図5-4に沿って述べる。

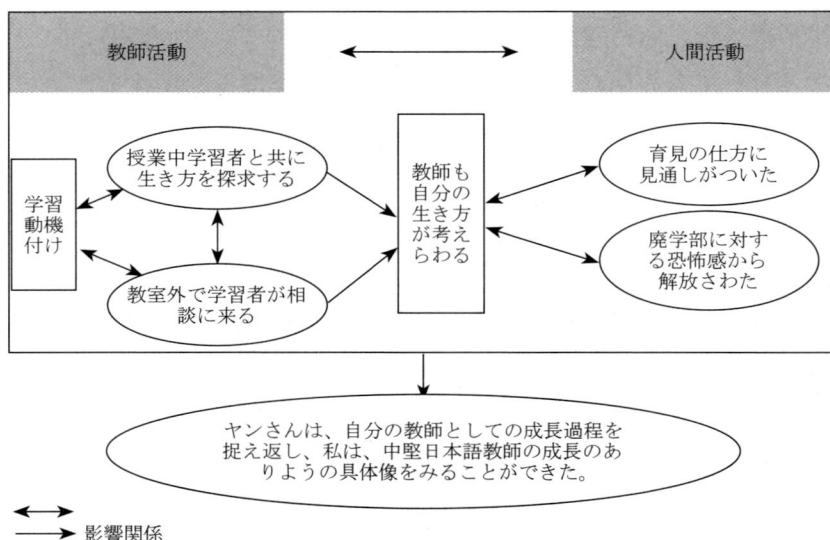

図5-4　ヤンさんの教師活動と人間活動の統合図

5.5.1　ヤンさんの教師活動上の変化

　持続可能な生き方を追求する言語教育を翻訳授業の教室に取り入れることで、学習者の言語生態も人間生態も改善でき、さらに、学習者の持続可能な生き方への追求も実現できた。つまり、学生の未来、或いは人生に着実に役割を果たす教育実践ができたと言える。したがって、ヤンさんの教師活動の問題は解決できた。他方、ヤンさん自身の言語生態と人間生態はどうか。このような持続可能な生き方を追求する「Dゼミ」での経験や授業実践を経験により、彼女自身にはどのような変化が起きたのだろうか。そのような問いをもって、私は次のように、ヤンさんに質問をした。

趙　：このような様々なことを経験して、ヤンさん自身に何か変化があったの?
ヤン：私の最も大きな変化と言ったら、今の私は言語教育の目標は学生に言語を身に付けさせるのではなく、学生の人生、学生の人間生態も言語教育に入れようと思うようになったことだね。その中で、私も学生の同行者として、自分の人間生態、言語生態を改善した。(2019 年 7 月 15 日　インタビューの訳文)

　ヤンさんの「自分の人間生態、言語生態を改善した」という話を聞いて、私は少し驚いた。ヤンさんのナラティブを語り直す中、私は確かに、学生の言語生態と人間生態には問題があると感じたが、ヤンさんの言語生態と人間生態に問題があるかどうか、全然注意していなかった。ヤンさんが言った自分の言語生態と人間生態にある問題は何なのかと、私は頭を絞っても、考えつかなかった。疑問に思った私はもう 1 回ヤンさんのナラティブを読み返して、答えを探してみた。

　ヤンさんは、学生が日本語をきちんと勉強するように、自身の私的な時間とお金をかけて、懸命になって働きかけても、実際に学生の勉強意欲を完全に引き出すことはできなかったという記述を読んだ時、私は目を開かされた。その時のヤンさんの学生との関係、ヤンさんの人間生態は良好な状態ではなかったと言える。岡崎(2009:6)は「言語生態が良好か否かは人間(＝その言語話者)の生態が良いか否か」、また「言語活動は人間活動と一体化してなされる」と

指摘している。つまり、人間生態と言語生態はお互いに影響を及ぼすのだ。したがって、その時のヤンさんの人間生態にどのような問題があるかを明らかにしようと思ったら、ヤンさんの言語生態をつなげて考えることが必要だ。

　実際に私自分の経験を結び付けて考えれば、ヤンさんの言語生態にどのような問題が存在するか理解しにくいことではない。私は以前教育現場にいた時、日本語に関する知識や技術を学生に教え込むことが授業の目標だと思って、授業で一方的に文法、文型を教え込むことに集中し、学生との授業以外の交流は全然なかった。たまに、授業で、私の話を聞かなかったり、携帯を弄ったりする学生がいたら、私は「よく勉強しなさいね、綺麗な日本語を身につければ、将来いい仕事に就けるよ」と説教した。

　しかし、20年前、私が大学にいた時は、日本語専門の学生の数が少なく、日本語人材に対する社会のニーズを満たせていない状態だった。当時の学生は、きれいな日本語を身につけていれば、給料のいい仕事に就けた。しかし、加速化していくグローバル化による社会変動の下で、「日本語専門」という言葉一つとってもその意味は違ってきており、言葉の内実が失われつつある。中国における日系企業の相対的地盤沈下や学習者ニーズの変化に伴い、今では、「半数近くの日本語専攻の卒業生は日本語と関係ない仕事に従事している」（王2018:1）。したがって、私が言った「勉強」と学生が捉えている「勉強」という言葉は内実がすでにずれている。「綺麗な日本語を身につければ、将来いい仕事に就ける」という因果関係ももはや成立していない。言葉の内実の喪失によって、「人と人のつながりも変質していること、さらにそのことに気付かないでいること。」（岡崎2009）。しかし、その当時の私は、一方的に学生を責めていて、私の説教を聞いてくれない学生に「駄目な子」のレッテルを貼り付けていた。同じように、いい成績＝良い就職、いい就職＝良い未来という考え方を固く持っていたヤンさんもきっと似たような経験を持っていただろう。

　ヤンさんの2016年の振り返りには次のような内容がある。

　去年指導を任された4人の中に、N1に合格できた人は1人しかおらず、それどころか、50音図もろくに書けない者もいた。その学生はオーストラリア留学を目指して英語の試験の準備をしていて、向うへ行ったらＩＴ関係の勉強を

したいそうだ。それまで教えたことがないので、論文指導のことではじめて知り合いついた。「あなたはほんとうに頭のいい子で、英語も上手だし、四年間日本語を勉強してきて、何もできないとはおかしいね」と聞いたら、最初頑張りたい気持ちもあったが、先生の教え方などいろいろなことがあって大学に入ってまもなく諦めちゃったと答えてくれた。(2016 年 5 月 27 日　ヤンさんの振り返り)

　いい成績＝良い就職という考えを持っているヤンさんが話した「日本語を勉強する」という言葉の意味はオーストラリア留学を目指すその学生には読み取れなかっただろう。その件だけでなく、時間がもったいないという理由で、授業中授業内容と関係のない話は一切しなかったヤンさんにおいては、言葉はうまく機能していなかったといえるであろう。

　私はヤンさんに自分のこの推測を話した。ヤンさんは私の話を聞いて、次のように言った。

ヤン：確かにそうだね。前の私は学生をよく勉強させるため、授業では、いつも学生に厳しく接した。「良い成績を取れば、いい職に就ける」というふうに学生を励ましたこともあった。授業での厳しさを補うために、私は教室の外で、学生と親しい関係を作った。しかし、ふり返って見れば、その時の私は、言語をうまく駆使できなかったので、人間生態も良好な状態にならなかったのだ。だから、その時、学生といくら良い私的な関係を作れても、日本語の勉強を拒否する態度を取る学生もいた。そのあと、今回新たな実践を行っている間、私は同行者として学生と一緒に世界を認識し、生き方を考えて、対等な信頼関係を作った。学生たちは卒業しても、今、生活上、職場で問題にぶつかったら、私に連絡を取るよ。多分、今の私は学生たちにとっては相談できる人だね。私もそのような関係を楽しんでいる。(2019 年 7 月 15 日　インタビューの訳文)

　上述したように、現在のヤンさんは従来の「ツールとしての日本語教育」をやめ、持続可能な生き方を探る言語教育を自分の教室に取り入れた。「内容重

視」と「母語重視」を援用して、学生の言語生態の保全を通して、人間生態の保全もできた。生き方を探求する中で、学生の動機付けも高まった。このように、長い間ヤンさんが悩まされた学習動機減退の問題が改善できた。それに伴って、ヤンさんの学習者との関係にも変化が起こった。新な教育実践で、ヤンさんは学習者と対等的な立場に立って、一緒に議論して、生き方を探求する。そして、ヤンさんは学生に信頼されるようになった。学習者が相談できる人になったヤンさんは、ヤンさんが望んでいた本当に学生を助けられる人になった。

5.5.2　ヤンさんの人間活動上の変化

（1）危機感から解放された

ヤン：博論答弁の終わりに、私の研究対象は自分の言語生態ではなく、学生の言語生態だったが、そのような実践をやっている中、自分自身の言語生態も改善できたかとM先生に質問された。希先生のある論文に「同行者（としての教師）」を論じる時、従来の教育パターンの下では、教師にとって、仕事と生活は分裂するものだ。仕事は仕事、生活は生活だから、お互いに統合できない。しかし、「同行者の教師」の場合、例えば、私は授業で取り上げた内容は生き方についての思考だね、実は授業の時、私は学生と一緒に考えていた。私も生活の中でいろいろな問題に直面している。例えば、うちの日本語学部は不況である。私はこれからの進路を考えなければならない。もし、時間が2015年、私は「Dゼミ」に入ったばかりだったけど、その時に戻ったら、その時の私なら心からそのことを心配していただろうと思う。しかし、今の私は、本当にそれを危機とは思わない。その時、私はゼミで学生と一緒に議論する時、私も、もし、自分だったら、どうするだろうと考えた。私なら、たぶんほかの仕事を探すことにしただろう。この仕事しかできないというわけではない。私はいろいろ選択があると思う。だから、今の私は本当にそのことを心配しない。私はいろいろ選択があると思うから。私は日本語教師をしなくてもかまわない。それに、もし、私が日本語を教えることに情熱をもっていたら、社会にはそういうチャンスがあると思う。チャンスがないというわけではない。だから、私は心が強くなった。それでは、私の心が強くなった要因はなんだろうと考えたら、

　　それは言語生態学の「溜め」という概念にある。だから、実際、私は大学
　院に入って「Dゼミ」に入って、活動範囲の広がるのに伴って、数多くの人
　に出会った。皆は違う大学から来ていて、歳も経歴もちょっと差異がある
　かもしれないが、たぶん目標と価値観が近いためか、皆は私の「溜め」に
　なる。一緒に交流する時、皆は多少の悩みを持っている。だから、社会で、
　そういうことに遭うのは、今では普通のことだと思う。だから、そういう
　ことを知ってから、今はもう恐怖だとは思わない。（2019年7月15日　イ
　ンタビューの訳文）

　「Dゼミ」で、生き方の探求を巡って、ヤンさんは自問自答及び他人との対
話を通して、以前の「日本語教師は日本語を教える教師だ」という「狭い」ア
イデンテイテイが拡張され、以前慣れていた「問いが1つ、答えも1つ」とい
う単一要因思考も改善された。言葉と人間の間のつながり、個人を取り巻くコ
ト、モノ、人との多様で多次元な関係が見えるようになったヤンさんは想像力
縮退という問題が改善されたと考えられる。さらに、ヤンさんの思考や探求は
「Dゼミ」に留まらず、その以外のところにも拡張できた。その中の1つは、持
続可能性日本語教育に基づいて行っていた教育実践の中で、ヤンさんが「同行
者としての教師」として、学生と一緒に経験した思考である。
　岡崎（2009）は、持続可能性日本語教育における教師の役割は、世界の構造
や持続可能な生き方を学習者と共に模索する「同行者としての教師」であると
する。具体的には、自分自身の生き方と現在の世界の変動を同時に捉え、教師
である以前に一人の人間として如何に生きるかという関心を向かい合わせるこ
とを意味すると指摘している。具体的には、「四つの問い」、つまり世界はどう
なっているか、自分はどうすればいいか、他人とどのような関係を維持するか、
自分とは何か（岡崎2009）を巡って、自問自答と他人との対話を繰り返すこと
で、持続可能に生きる必要な展望と力を追求する（王2018：10）。
　持続可能性日本語教育に基づいた教育実践を行っていたヤンさんは「ツール
としての日本語教育」を捨てて、日本語教育に、人間生活を入れて、「内容重
視の日本語教育」を行った。学生と一緒に生き方を巡り、議論する時、ヤンさ
んはただ学生にいろいろ考えさせるのではなく、自己を起点にして、自分だっ
たらどうすればいいかを学生と自分も一緒に考える。さらに、自分が置かれて

いる環境、つまり世界はどうなっているかを考えて、自分なりの生き方を探求する。そうしたヤンさんは心が強くなったと自己評価した。

　もう一つは、ヤンさんは周りの「溜め」を生かして、自分なりの生き方を探りつつある。周りの目標と価値観が近い人と一緒に、戸惑いや悩みを巡り、意見を交わしたりして、ヤンさんは世界の本来の姿が見えるようになった。その上に立って、皆と一緒に解決法を探すことも期待できるだろう。

　（2）世代間教育の変化

　続いて、ヤンさんは次のように話した。

ヤン：私の教育観も変わったこと。私は一人の教師であり、子どもの母でもある。私は教育に携わるというと、私は学生を育てるだけでなく、自分の子も育てている。だから、自分の母親としての教育観も変わってきたと私は思う。もし、何年か前に戻れば、その時の私はきっと全力で自分の力を子どもの勉強に注いだと思う。成績が良ければほかのことはどうでもいい。前の私は自分も一流大学を卒業したのだから、息子をぜひもっと良い大学に入れようという考え方を持っていた。「青は藍より出でて藍より青し」だよね。しかし、今の私は子どもの教育についての認識が前より広がっていると思う。成績は勿論大事だ。成績が悪くても大丈夫というような話は今の私でもなかなか言えない。しかし、成績を大事にすると同時に、私は子どもをたくましい子に育てることの大事さを意識した。つまり、逆境でも順境でも、問題解決の仕方を考えて、勇気を持って生きていける子に育てたいと思う。勿論、そのたくましい性格をどう育てるかと考えなければならない。私は子どもの幼いころからその能力を育ててあげる。例えば、生態言語学の四つの問いを子どもの生活に当てはめて、子どもに世界はどうなっているかを知らせる。それなら、彼は私のように就職の時、何も知らなくて、勝手に選択をすることはないと思う。この世界は良い面もあるし、暗い面もある、それに、その原因は何なのかと子どもに世界の本来の姿を認識させたい。それから、少しずつ導いていって、彼を自分がどんな人間になりたいのかを考えさせる。勿論一人で生きていけないので、彼に良い人間関係を作って、自分なりの行動基準を作れる子として育てたい。そして、成

績をよくすることは最後。少なくとも、それらが私のこの何年かの研究の収穫と言えると思う。だから、博士コースで勉強した意味がある。私の一人の人間としての成長、母親としての成長にも役に立ったと思う。（2019年7月15日　インタビューの訳文）

岡崎（2009）が指摘しているように、ヤンさんは教師である前に、一人の人間である。一人の人間として如何に生きるかはヤンさんだけでなく、あらゆる人間にとって、生涯にわたる課題であろう。ヤンさんは自分のアイデンティティを広げて、単一要因思考を改善してから、ヒト、モノ、コトの間のつながりを把握できるようになり、様々なことに対する見方も変わった。ヤンさんは学生と一緒に生き方を探したり、周りの溜めを生かして一緒に生き方を探したりして、自分なりの行動基準を作る。さらに、世界の変動に対応して子どもにどのような生き方を新たに形成させていくかも考えている。ヤンさんは子どもの「成績が良ければほかのことはどうでもいい」という成績だけに注目する親から、四つの問いを通して、子どもの生態的リテラシーの育成を中心にする親に変わった。それは自分自身が親の価値観に基づいて育てられてきて、加速化していく社会の変動の下にある社会に出ていくにあたって、無防備の状態で臨んだことを反省した故だと考えられる。

5.5.3　生き方を探求する場・機会を作る

同行者として、自分の言語生態と人間生態が改善できたと話したヤンさんは、前向きの姿勢で進んだ。ここで、私は1つのエピソードを思い出した。それは、私が「Dゼミ」でヤンさんに関する分析の2回目の発表をしたときのことであった。

2019年の夏、日本に来てから一か月後、私は「Dゼミ」で自分の研究の進捗状況を発表する日を迎えた。私はデータをいろいろ整理して用意しておいたにもかかわらず、やや研究に自信がなかったせいか、先生と皆さんの前に座ると、つい緊張してしまった。「やばい～」と私は心の中で叫んだ。時間になり、みんなはおしゃべりをやめ、話題が本題移つた。まずは先生とゼミ生たちはインタビューの中の不明な点を一つ一つ指摘してくれた。私は頷きながら、希先

生と皆さんからの指摘をメモした。ヤンさんは私のそばに座り、みんなの発言を聞いていた。いきなり、先生は皆からのアドバイスをそのまま書いていた私に「データを読んで、ヤンさんはどんな教師だと思いますか」と問いかけた。私はちょっと考えてから、「大変責任感を持った教師です。授業では雑談もしない教師で」と答えた。

希先生：では、ケーキをあげることは何を意味するの。

私　　：それは授業の時間ではないですよ。

希先生：そうか、では何でヤンさんは授業以外の時間、学生にケーキをあげるの？

私　　：ええと〜学生を心から愛するいい教師だと思います。「学生さんを子どもと呼んでいますよ、ヤンさんは。

　私は答えながら、私のそばに座っているヤンさんを見て、助けを求めた。意外なことに、ヤンさんは以下のように返した。

ヤンさん：無意識なことかもね。前は全然気づかなかったの。勤務校は理工系大学なので、日本語を専門する学生が少ない。毎年、入学する学生を二つのクラスに分ける。私はその中の一つのクラスを担任する。本当に、入学から卒業まで、私ずっと彼らをそばで守っている。私は教師だから、心の中から学生たちは将来社会に出て、自分の立場を見つめられると……

希先生：ヤンさんの話を聞いて、趙さんはどう思う？（2019 年 8 月 17 日のフィールドノート）

　希先生は質問を次々となげてきたが、私は答えに詰まり、ぐうの音も出なかった。

　希先生からの質問に私は答えられなかった。目の前にまだいろいろ不透明なことがあったというより、むしろ私はヤンさんのことを完全に理解できていなかったといった方がいいかだろう。その一瞬、ふと自分は門の外に立っているような気がし、どきりとした。ショックを受けた私は、すべてのエネルギーを

消耗してしまったようで、気力がなくなり、頭が空白になり、周りの声も聞こえなくなった。

　ゼミが終わり、教室を出ると、外はもう薄暗くなっていた。がっかりした私は、街角の別れるところまで歩いても、ヤンさんと別れたくなかった。それで、二人でしばらく立ち話をした。私は深くため息をつき、「研究はこれからどうしようかな？」とつぶやいた。ヤンさんはそばで、「さっきの先生のアドバイスはいいじゃん！」と慰めたり、勇気づけたりしてくれた。最後にヤンさんは「私も今までの三年間自分の中にどんな変化が起こったかを知りたい。明らかにしてくれると本当にありがたい」と言ってくれた。ヤンさんの声は電流のように私に伝わった。研究を始めて以来、ヤンさんはずっと私に自己開示してくれた。それは私の前だけでなく、ゼミの先生と皆さんの前でもヤンさんは裸になることを意味することだということを、私もヤンさんもはっきりと知っていた。何でヤンさんはそこまでできるのか私は分からなかったが、ヤンさんの真剣な目つきから、今までヤンさんが私にかけた話は彼女の深いところから語ってきたものだと私は確信した。何よりも自分の行動がヤンさんから肯定的に捉えてもらったことに喜びを感じた。（2019 年 8 月 17 日のフィードノート）

　その時の私は、ヤンさんが裸になることもかまわず、全力で私を助けてくれることに感動した。しかし、何でヤンさんはそこまでできるのか、私は分からなかった。しかし、今ふり返って見ると、「D ゼミ」への参加は沈黙していたヤンさんを切り開くことになった。その振舞いから、彼女は積極的な姿勢で、自分の生き方を追求しようとしていたことが窺えると思われる。

5.6　リフレクション

　本章で、私はヤンさんが抱えていた教師活動と人間活動のジレンマをめぐって探求してきた。従来型の研究では、ここで、今まで述べたことをまとめて書くことが定番であるが、本研究では、結論や考察という形でまとめをしない。それはこれまで、私がヤンさんの変化と成長を複雑な文脈の中で、複雑なまま

に探求し描いてきて、様々な意味の探求はストーリーやストーリーの探求プロセスに含まれており、まとめられるわけではないからである。また、これまでの探求を通して、ヤンさんが抱えていた悩みや葛藤の根源は人間活動と教師活動の統合ができないところにあると分かった。それは数多くの教師を悩ませることだと考えられる。この節で、私は人間活動と教師活動の統合をめぐって、論じようと思う。

　ヤンさんは自分の職場のストーリーを語ったとき、一度自分のことを「止まらない電車」に喩えた。ここで、ヤンさんについての研究が終わりになったこの段階で、私はまたこの喩えを思い出した。教師を電車に喩えるのは初耳であったが、深く考えれば、上手な喩えだと思った。教師である我々は果たして電車のようで、学生を乗せて、未来に向けて走り続けている。学生は我々の教室に入ってから、彼らの学習の旅が始まると意味する。しかし、教師として彼らの旅をどのように導いていけばよいかを、考えると私は一時迷った。考えているうちに、私は楓大学博士コースの崔先生の話を思い付いた。

　「バスの運転士は客を乗せて、前に運転していく。しかし、目的地は運転士しか分からない。この場合、客がきっと不安を抱えているでしょうか」。

　当時、崔先生の話は興味深いと思ったが、今、これをヤンさんのストーリーに結び付けて考えることで、理解がさらに深まった感じがした。前のヤンさんは「止まらない電車」のように学生と一緒にゴールに向かって走り続けて行った。つまり、学生を連れて、良い成績を取り、いい就職をするというゴールに向けて頑張っていた。しかし、そのゴールは学生によって設定されたものではない。ヤンさんが学生のために設定したものである。それはヤンさんに限らず、数多くの教師も「学生のため」というセリフを口にしながら、ヤンさんと同じようなやり方を取る。また学生の方が幼いころから両親や先生の話にしたがって行動することに慣れたことか、先生の話を聞きながら、漠然と従ったりする風景がよく目に映るだろう。しかし、ヤンさんのこのようなやり方は本当に学生の未来に役立つだろうか。グローバル社会の下で、社会が変動しつつある。そういう状況の下で、良い成績＝良い就職というスキーマは崩壊した。また、教師の場合、例えば、ヤンさんは「止まらない電車」のように頑張っており、結局体を壊した。もちろん、それは教師と学生の両方にとっても持続不可

能なやり方である。それでは、持続不可能なやり方を追求するため、ヤンさん
の経験から見れば、二つのことを考えなければならないと分かった。一つは「日
本語教育とは何か」、もう一つは「日本語教師はどうすればいいか」である。

　従来型の日本語教育の場合、日本語を何らかのためのツールとして捉えてい
る。そのため、日本語教育も「ツールとしての日本語教育」と認められる。し
たがって、中国における中国人日本語教師にとって、日本語と生活の接点が容
易に見つけられないのであろう。仕事と生活も統合はもちろんできないわけで
ある。それでは、「日本語教育とは何か」という問いは改めて課題として、浮
かび上がってくる。「言語の生態の福祉の状況は言語話者の生態の福祉の状況
に直結する」（岡崎2009a：12）。それは言語生態学の理論に基づく。つまり、日
本語はただ何らかの道具に限らず、我々はことばを学ぶ場で、世界を認識し、
自らの行動を形作っていくことができる（鈴木他2014）。世界を認識し、自ら
の行動を形作っていくことは一人一人生活と緊密につながっているため、持続
可能性日本語教育に携わる教師は日本語教育と生活の接点を見つめられると考
える。それは、持続可能性日本語教育が言語生態学を基盤にし、持続可能な
生き方を追求する言語教育だからである。

　また、「日本語教師はどうすればいいか」という問いを考えなければならな
い。社会からの規定は我々の教師像につながると考えられる。「1日でも自分の
師になったら、一生涯、自分の父母として敬う」というような話を常に耳にす
る。それらはただ刺激的な言葉であるだけでなく、そこから中国社会の教師に
対する共通認識も見られる。そのような影響のため、我々は教師としての自分
が強い立場に立ち、権威を持っていると思い込む傾向がある。しかし、我々は
「教師である前に一人の人間であり」（岡崎2010）、各々弱みがある。弱みを隠
し、学生に強く見せるため、我々は教師としての自分を飾ったりする。教室の
中で、権威があるように、学生に接する。自分を上で、権威を持つ立場に位置
づけると、我々の授業スタイルにも教師主導の知識詰め込み型を取る傾向があ
る。学生を空の容器と見なし、一方的に知識を詰め込んでいる。そうすれば、
学生は能動的に考える力を失ってしまい、教師の下を離れたら、自律的に勉強
することができなくなる。また、教師は一方的な知識伝達の形を取るため、知
識の蓄積に力を注いでいかなければならない。結局、我々は「止まらない電車」
のようなヤンさんを見ることになる。したがって、教師を、権威を持つ上位者

と見なし、一方的な伝授のやり方を取るのは持続可能なやり方ではないことが分かる。

岡崎は「同行者としての教師」（岡崎 2010：21）を提示する。

教師自分も学習者に同行する学び手となり、グローバル化の変動下にある世界がどうであり、そこでどのように生きることが自分にとって持続可能な生き方なのかを模索、追求する。

教師は先行者より同行者の姿勢を取るのが適切だと考えられる。それは、一つには、我々は教師として完成形ではなく、人間として完璧ではないからである。もう一つは、教師も学生もこの世の中に生きており、常に問題に直面しているからである。もちろん、問題は互いにつながっている。学生が直面する問題と教師が直面する問題は別々に独立して存在しているわけではない。ヤンさんは新たな実践の中で、学生と協同し、世界を認識したり、自分の生き方を形作ったりという行動を積み重ねていくうちに、自分が求めている「同行者としての教師」に近づいていった。かつて、自分も学生も家族の一員だとみなしていたが、視野が広がった後は、自分も学生も広い世界の一員でもあることに気付いた。学生だけでなく、自分の子どもをも逞しい子に育てたいと考えたから、子どもであれ、学生であれ、世界の一員、社会の未来として育てたいと考えるようになったのであろう。そこに、ヤンさんの人間活動と教師活動の統合の成果が見えてくる。

第6章　全体的なリフレクション

　ここまで、私は自分の興味関心から出発し、「Dゼミ」の二人の参加者、ヤンさん、香ちゃんを研究対象にして、二人の「持続可能性日本語教育」受講のナラティブを探求してきた。博士論文としての私の研究はここで一旦終わりにしなければならない。しかし、これからも、二人のストーリーは展開を続け、彼らの変化や成長に「終わり」というものはない。本研究の開始以来、私は同じ「Dゼミ」の参加者として、「持続可能性日本語教育」の学習を経験してきた。時には、私は仲間として彼らと付き合い、時には、研究者の立場に立ち、彼らの言動を観察してきた。時には教師の立場から、時には学習者の立場から、彼らのナラティブを生き直し、書き直しを継続した。研究している過程で、私は自分の経験を通して彼らを理解し、研究は私の色に染められた。また、私は彼らのナラティブを生き直し、書き直している中で、たくさんのことを学び、私の中にも様々な変化が起こった。

　ここで、私は敢えて、ヤンさんと香ちゃんの成長についてのまとめを書かない。その理由は、ヤンさんと香ちゃんの成長に対する様々な意味の探求はナラティブの中に、あるいはナラティブを探求するプロセスの中にあり、他の研究のように簡潔に括ることはそもそも妥当ではないと考えるからである。「ナラティブ的探求」の研究では、「私」は研究者であると同時に研究参加者でもあると捉えることから、「私」の変化や成長も研究の一部である。そのため、この章では、まず本研究で私が得られたことに重点を置いて論述し、続いて本研究の示唆を提示し、本研究の限界とこれからの課題を述べ、本研究の「終わり」にする。

6.1 本研究で得られたこと

6.1.1 中堅大学日本語教師の成長に対する私の理解

（1）中堅大学日本語教師の成長についての一般的な理解

　大学教師の仕事は楽で私的な時間も十分持てると思い、私は大学院卒業後、中国東北地方のある大学に入職し、一人の日本語教師になった。しかし、教職に就いてから、教師の仕事内容は想像していたよりずっと複雑だと分かった。教師としての私は、学習指導だけでなく、教材開発や研究業績も求められた。こうした様々な要求や複雑な問題に対して、私は満足な対応ができない場合が少なくなかった。それに、結婚、出産に伴い、仕事と家庭の両立も1つの問題として浮かびあがった。中堅の域に入った私にとって、直面する問題は日々その深刻さを増していった。それでも、教師として日本語を継続して教えていきたいと考えた私は、積極的に教師としての成長を求めて、様々の教師研修に参加した。どの研修会も専門知識と教授法の熟達に重点が置かれており、私も、教師の成長＝専門知識の熟知及び教授法の熟練という認識をもっていた。教育現場では、日本語教育の「技術性」を強調するような「聖なる物語」が流布し、教師の成長を議論する場合、専門知識の熟知や教授法の熟練という専門性向上に関わる話題しか視野にはいっていなかった。私は大小様々な研修会に参加したが、参加後いつも不全感が残った。研修で学んだ専門知識や教授法は、日本語を将来使わないという学習者にとっては何ら役に立つことはなく、仕事と家庭の矛盾も依然として解消されず、深刻さは変わらなかった。私は、専門知識の熟知や教授法の熟練に偏重した教師研修は教師経験のない初心者にとっては意味があるとしても、私のような教育経験を積んだ中堅の日本語教師の助けにはならないのではないかと考えるようになった。一定の教育経験を積み、学内においては責任ある地位についたり、あるいは、社会や国からの直接的なプレッシャーに対して直接的な対応が求められる中堅教師に特化して、教師としての課題や成長を論じる必要性を感じるようになった。そして、もっと高度な学問の修得が必要ではないかと考えるようになった。そして、その高度な学問を修得できる場を求めてドクター課程に進学した。

（2）「D ゼミ」の受講による中堅大学日本語教師の成長に対する理解の変化

　私は、局面を打開し、高度な学問の修得により自分の教師としての成長を図ることを企図して楓大学の博士コースに進学した。現職者対象の日中の大学が連携して提供するドクターの学位プログラムである。現職者対象というだけあって履修条件において極めて柔軟性に富むプログラムであった。そこで、全くの偶然から、私は「持続可能性日本語教育」研究室という、それまで聞いたこともない日本語教育の名称のついたゼミ（「D ゼミ」と呼ぶ）に所属することになった。「持続可能性日本語教育」と名付けられているが、このゼミでは、教育学に関する理論や知識などを正面から取り上げて教師が講義をすることは殆どない。代わりに、言語の活性化を通して、ゼミ生の、各自固有の経験や考えを互いに闘わせ、共有しながら、各自の持続可能な生き方の探求が追求されている。つまり、このゼミでは、正しい知識や定説となった理論の伝授ではなく、一人一人の経験や考えの共有とそこからの学びが重視されている。そして、取り上げられ、共有される経験は、教育経験に限られているわけではなく、持続的に生きるという視点から多種多様な経験が取り上げられている。「雇用」「食糧」「競争」「育児」など幅広い話題が提起されるが、＜日系企業の減少→私の所属大学の日本語の定員減→私の所属する日本語学部の整理統合→私の失業？＞といった当事者にとっては極めて切実な課題も議論の対象となる。ゼミ生が一人の人間として直面している切実な問題がみんなで議論すべき課題として捉えられ、堂々と議論が闘わされる。みんなが自分の「秘密の物語」を語ることが奨励されている。

　教師中心の授業スタイルに慣れていた私は、当初、このゼミの議論中心の授業スタイルに強い違和感を持った。これが高度な学問の修得の場になり得るのか、失望に近い疑問をもった。透明人間になって授業への参加を形式的なものとし、半期でこのゼミから抜けることを予定していた。しかし、回数を重ねていくうちに、特に教育の話題を巡る議論に関心を引き付けられるようになった。ゼミ生が、それぞれが現場で直面している課題が提起され、各自の固有の現場での経験が議論の遡上に上がるに連れて、私は自分の中に眠っていた記憶が呼び起こされた。教室内にトラブルが起きると、責任を一方的に学生に押し付けたことを反省した。現場にいた時とは違う視点で、自分の教育経験を見つめ直

し始めた。ゼミ生同士の互いに違う視点のぶつかり合いを経験する中で、教育に対する私の思考が促され、私の日本語教育に対する捉え方も一変していった。学生の助けになる授業とはどういう授業なのか、それを学生と一緒に進めるとはどういうことなのか、そのようなことをやる教師の日常生活はどういうものか、と考えが形を結んでいった。そして私はこれからの教育実践に自信が持てるようになった。現場に戻って新たな教育実践を始めることを楽しみに思うようになった。

こうした「Dゼミ」での経験から、専門知識の熟知や教授法の熟練に重点を置く教師研修よりも、「Dゼミ」のように、一人一人の教師が当事者として自分が直面している切実な課題を議論の対象とし、学習者も含めて持続可能な生き方の追求をゴールとして、議論を闘わせる場を提供する研修の方が中堅教師の成長には意義があることを私は直感した。そして、この直感の説明を博士論文の研究目的とすることを決めた。

（3）本研究で得られた中堅大学日本語教師の成長に対する新たな理解

以下では、私は改めてヤンさんと香ちゃんの変化や成長のルートを辿りながら、教師成長に対して私が得た新たな理解を述べる。

①ヤンさんの成長のルート。「Dゼミ」では、ゼミ生が書いた振り返りは直ちにゼミ生が全員入っているメーリングリスト（ML）に流して共有することになっている。したがって、ゼミ生は互いに何を考えているか、どのような困惑を持っているかを、MLにマィぺされた各自の振り返りから知ることができる。ヤンさんはゼミの議論では口数が少なく、先生から発言を求められない限り、自分から発言を求めることは少なかった。他方、振り返りの記述は詳細で、教育現場のジレンマや生活上の悩みを一杯書いていた。ヤンさんはどんな人なのか、彼女は悩みやストレスに迫られ、苦しんでいるのか、彼女の実情を知りたいと思った私は、ヤンさんに呼び掛けて、本研究の研究対象者になってもらった。最初のインタビューで、ヤンさんとの相互交渉を通して、「止まらない電車」のナラティブが生き直された。ヤンさんはあたかも「止まらない電車」であるかのように、日々の教育活動に全身全霊で取り組んでいたが、結局、体を壊した。教師活動と人間活動のジレンマに陥ったヤンさんの実像が見えた。ヤンさんの語りを通して、同じ母親でもある私は、そのヤンさんの「止まらない電車」

のナラティブを聴いた時、ヤンさんの苦しみにいたく共感した。

　しかし、インタビューを通して、ヤンさんはそのとき、家庭、育児上の問題にも直面していたが、それを自分が解決を迫られている問題としては捉えていなかったことが分かった。ヤンさんが問題としていたのは、今の自分の授業のやり方では学習動機の減退している学習者を助けてやることができないことであった。学習者を助けることを教師としての自身のミッションであると強く信じていたヤンさんは、授業研究に解決の系口を見いだしたいと考えた。当時中国でブームになっていた反転授業に関心を寄せ、関連の文献を読み、反転授業で動機減退した学習者に対して動機付けを再度高めることを実証する実践研究を考えた。その背後には、日本語学習人口の減少のあおりを受けてヤンさんの所属大学で日本語学部の廃部の動きがあり、それに対するヤンさんの恐怖心もあった。廃部になっても失職しないための一つの方法として学位取得を考えた。ヤンさんにとって大学で日本語を教えることは、かけがえのないミッションであった。

　そこで、ヤンさんは楓大学の現職教師向けの博士コースに進学した。新入生オリエンテーションで持続可能性日本語教育という聞きなれない日本語教育に魅かれて「Dゼミ」に入った。そこでの言語活動、すなわち、仲間との議論及び振り返りを書く活動を通して、ヤンさんはこれまでの自分の考え方とは違う視点にぶつかった。例えば、反転授業をめぐるゼミの議論で、ヤンさんはこれまで自分が硬く信じていた反転授業の捉え方を完全に覆されてしまうような強烈な経験をした。反転授業による動機付けの向上効果に対して、ゼミ生の一人が概略以下のような指摘をしたのである。

　先生の対面授業で、先生の話を聞きたくない学習者が、何故、教室の外で、先生が作った動画を見て勉強するのだろうか。そういうことは、私には信じられない。

　仲間のこの指摘に対して、ヤンさんは、反論ができなかった。そして、仲間との議論が、新たな方法を追求し始める動因になった。ゼミでの議論と振り返りの記述という言語活動を繰り返す中で、ヤンさんは、学習者の日本語学習意欲が減退しているのは、日本語学習を自分の生きることと結び付けられないことからきているのではないかと考え始め、現行の「ツールとしての日本語教育」

が、学習者の動機減退につながっていると捉え直した。他方、日本語そのものの習得を目指すのではなく、日本語を用いて生き方を考えることをゴールとすることで、学習者にとって日本語と自己の関連を見つけることが可能になり、学習者の動機付けが高まるのではないかと、持続可能性日本語教育を捉え返した。そして、ヤンさんは「持続可能な生き方を追求する言語教育」を翻訳の授業に取り入れて、新たな教育実践を行い、それで博士論文を書くことにした。

　「内容重視」と「母語重視」という二つの点から授業をデザインした結果、これまでの授業では、日本語ができないために「駄目な子」というラベルを貼り付けられ、学習動機の減退が顕著であった学習者が、母語を使ったり自分の知識を使ったりして、教室活動に積極的に参加するようになった。日本の会社での働き方をめぐるいろいろな問題などを取り上げることで、学習内容が自分の生きることと繋げられるようになり、教室活動に参加できず、仲間から孤立する学習者がいなくなった。

　このように、言語生態の保全を通して、仲間に受け入れられ、肯定的に仲間から評価されることで、学習者の学習意欲が向上し、積極的に日本語学習に取り組めるようになり、人間生態もよくなった。言語活動と人間活動の一体化を通して、ヤンさんが悩まされていた学習動機減退の問題は解決でき、同時に、各学習者において持続可能な生き方への追求も実現できた。ヤンさんが自身のミッションとして捉えていた教師として学習者を支え、武器を持たせて社会に送り出すことを達成することができた。さらに、ヤンさんは「同行者としての教師」として、学生と一緒に持続可能に生きる生き方を探って生存に関わる話題を議論したことで、自身の教師としての生存に関わる課題と取り組んだ。ヤンさん学部廃除するの恐怖感から解放され、育児の仕方にも見通しがついた。「持続可能な生き方を追求する言語教育」の実践を通して、ヤンさんは、自身が直面していた学習動機減退の問題が解決し、自身の生き方に対する困惑からも解放された。ヤンさんは以上の顛末を博士論文にまとめ、学位を取得した。ヤンさんの「教師活動」と「人間活動」の統合が実現された。ヤンさんは、最後に、ドクター進学を決めた時には心配でいっぱいだった廃学部に対して、今では廃学部になったとしても私には様々の選択肢があることが分かったので少しも心配ではなくなったと語った。

　この語りから、ヤンさんのドクター課程への進学の動機は廃学部に対する対処策であったことが窺われる。ヤンさんは大学日本語教師を自分の天命として位置づけていた。その天命を全うするためには職に留まり続けなければならない。解雇されてはならないのである。同時に、天命として、学生をこの社会できちんと生きていけるように社会で生きる武器を十分つけて社会に送り出すことが大事である。そのためには、学生の学習動機の減退への有効な対処策を自分のものにしなければならないと考えた。本研究の探究により、ヤンさんは自分に見えなかったところが可視化され、自分の成長の軌跡を一緒に確認することができた。

　②中堅大学日本語教師の成長についての私の理解。ヤンさんと香ちゃんの二人の成長のルートを踏まえて、私は中堅大学日本語教師成長についての理解を以下のようにまとめたい。

　教師の成長を論じる場合、従来、それぞれのステージにいる教師の発達課題の違いが無視され、その結果、教師の専門性の発達という一つの観点から論じられてきた。

　それは、教師の問題を教室内の問題に限定されていることに繋がると考えられる。ヤンさんと香ちゃんへの探求から、中堅大学日本語教師の問題は教室内の問題に限らず、教室外に拡張し、そして、香ちゃんのナラティブから、教室以外の問題が中堅大学日本語教師の直面している問題の中心になる場合があると分かった。さらに、香ちゃんとヤンさんは中堅女性大学日本語教師として、社会に出産や育児のプレッシャーをかけられ、家庭と仕事の両立も期待されている。したがって、中堅女性大学日本語教師は、女性特有な問題に直面しており、そして、そのような問題は彼女たちの教師としての成長に影響をもたらす。したがって、中堅大学日本語教師の成長を考えるとき、専門性の向上に限定されず、人間活動と教師活動の統合に広げ、さらに、女性を対象とする場合、ジェンダーを視野に入れる必要があると考えられる。

　次に、上述したように、新人教師がぶつかる問題と教育経験を重ねた中堅教師、あるいはさらにベテランの域に入ったベテラン教師が直面する課題は同じではない。このように、従来の知識や理論の伝授に重点を置かれる教師研修は中堅大学日本語教師の成長を支え切れない原因が窺える。それは、誰にも通用

できる一般知識や理論は中堅大学日本語教師にとって、一部の問題しか対応できないからである。したがって、中堅大学日本語教師向けの教師研修では、論理・科学モードというより、ナラティブモードの思考が必要である。つまり、研修では、個々もの教師は自分の直面している問題に対して、自ら自分なりの解決法を作っていくことが大事である。

続いて、ヤンさんと香ちゃんのナラティブから、中堅大学日本語教師は人間生態不全の問題を抱えると考えられる。ヤンさんは「Dゼミ」に入ったばかりのとき、何故日本語教育のゼミで、「農業」「育児」など生き方に関わる議論をするかと分からなかったということで、長い間議論に乗らなかった。そして、香ちゃんは「何故、博士コースに入ったか」という問いに対して、「完全に昇進昇給のため」と自分の実情に合わない答えをした。その原因を探ってみると、もちろん彼女たちの既有経験に関わると分かる。他方、我々がいる教育現場では、日本語教育の技術性に偏る「聖なる物語」が主流になっていることに繋がると考えられる。そのような「聖なる物語」に慣れた我々は、有意識、あるいは無意識のうちに、「聖なる物語」「ごまかしの物語」を語っている。我々の体験である「秘密の物語」が隠されている。ヤンさんの「黙る」や香ちゃんの「本心を言わない」ことはそれにつながると言える。しかし、ヤンさんと香ちゃんのナラティブを通して、このような「秘密な物語」の話し合いは中堅大学日本語教師の成長に関わると分かった。そこで、中堅大学日本語教師の成長にあたって、ナラティブモード思考の上で、「秘密な物語」を言える場を提供することが大事だと考える。言語生態学で言えば、「言語生態環境」を保全できると、「言語生態」と「人間生態」の保全が可能になる。

最後に、私は「つながりの可視化」の重要性を強調したい。上述したように、中堅大学日本語教師の問題は教室内の問題に限定されず、教室外に拡張する。そこで、中堅大学日本語教師の成長を論じる場合、教師活動と人間活動の統合に広げ、女性の場合、ジェンダーの問題を視野に入れる。それを実現するとき、「つながりの可視化」が中堅大学日本語教師成長のキーワードになる。ヤンさんと香ちゃんの成長のルートを辿って見れば、「つながりの可視化」の役目が分かる。そもそも、ヤンさんは「日本語教育は日本語を教える教育であり、日本語教師は日本語を教える教師である」という教育ビリーフをしっかりと抱えていた。「Dゼミ」の議論を経験して、「ツールとしての日本語教育」について

の確信に動揺が生じ、生き方の探求を日本語教育のメインにする考えは、衝撃的なもので、受け入れられなかった。その後、日本語そのものの習得というより、日本語を用いて、生き方を考えれば、学習者にとって日本語と自己の関連を見つけることが可能になるという学習動機付けと「持続可能な生き方を追求する言語教育」のつながりが見えた後、「ツールとしての日本語教育」を「持続可能性日本語教育」という新たな教育パラダイムに転換した。他方、香ちゃんは小さい頃から、親が自分の代わりに人生の進路を決めてくれた。それに慣れた香ちゃんは徐々に考える力を失い、難題に遭うと、つい「逃げる姿勢」を取る。一方、「逃げる」ことを通して、一時的な安定を得られた香ちゃんはそのような自分は失格だとコンプレックスを感じて、苦しんでいた。香ちゃんの考えに対して、希先生は「世界はつながっていますよ。生活や仕事が順調でなかったら、日本で生活しても順調にならないかもしれない」と指摘した。そのような議論によって、香ちゃんは自分がつながりの中にいることに気付かれた。自分はつながりの中にいて、逃げようとしても逃げられないと気付いた。今後問題にあうと、直面すると決心した。すなわち、中堅大学日本語教師の成長を考えるとき、つながりを見える目を養うことが大事だと考える。

6.1.2　研究方法に対する私の理解

　序論で述べたように、教師の成長についての研究を志す私は、「ナラティブ的探求」を援用し、持続可能性日本語教育における教師の成長の具体的なあり様を探求することにした。しかし、ナラティブ的探求は決まった手順を持たず、研究者は自分の研究の特徴によって、研究を行いながら、自分なりの方法論を作っていくこととされている（Clandinin&Connelly, 2006 張訳）。このように、初心者の私は先行研究に依拠し、ヤンさんと香ちゃんの変化や成長のルートを探求することにした。実際に援用した時、意外な試行錯誤をいろいろと経験した。試行錯誤を重ねているうちに、三次元や「ナラティブ的探求」についての理解を更新できた。以下は三次元の「場」、「相互作用」をめぐって、私の研究方法に対する新たな理解を述べる。

　（1）「場」

　李（2004b）は、経験、ナラティブ、そして、「ナラティブ的探求」のどれも

ある特定な場所で起きているから、教師の実践知を研究する場合、教師の実践はどのような場に起きているか、すなわち「置かれる場」（場）についての物理的描写が大事と指摘している。従い、李（2004b）の研究に依拠し、研究を進めた私は、楓大學やＤゼミの教室について詳しく物理的描写をした。しかし、「Ｄゼミ」で発表したとき、そのような物理的描写はどんな意味があるか、そのように詳しくする必要があるのかと質問された。先行研究に依拠して書けば問題ないと思い込んでいた私は一時、迷った。「置かれる場」（場）の意味をどう理解すればいいかと私は分からなかった。

　他方、私は分析上の問題にもぶつかった。

　最初、私は相互交渉ということに微妙な抵抗感を覚えていた。それは研究者として客観的な立場に立つことに慣れていたことにつながる。また、相互交渉をしたら、きっと参加者のプライバシーに触れ、参加者はそれに抵抗するだろうと心配し、ヤンさんについての研究を行ったときも、私は一先ず、すべて振り返りを通して、彼女のことを理解しようとした。しかし、分析の結果をヤンさんに見せると、数多くのことは事実に合わないと教えられた。その後、香ちゃんを理解する時、私はまた同じような試行錯誤を経験した。ただ振り返りのデータを用いるだけでは足りないと思ったため、香ちゃんにインタビューをし、それを通して、彼女のことを理解しようと思っていた。インタビューのとき、香ちゃんの答えに違和感を感じ、彼女の答えは実際の行動に合致していないのではないかという疑問が生まれたが、自分の推測より、香ちゃん本人の答えはもっと説得力と信憑性があると考えたため、そのまま香ちゃんの語りを記述し、分析した。しかし、私の分析に対して、「Ｄゼミ」には「読んだら、香ちゃんと全然違う」という声もあった。そして、「Ｄゼミ」では、香ちゃんを巡る議論がなされた。皆は自分の香ちゃんとの付き合いのストーリー及び香ちゃんに対する理解について意見を交した。このように、私は学習者同士の目を通して、複数な香ちゃんが見えたようだ。学習者同士から共有した香ちゃんのストーリーをテータとして整理してから、私は改めて香ちゃんのナラティブを構築してみた。続いて、香ちゃんとの相互交渉を通して、本心を言わない香ちゃんの実像を明らかにし、彼女が抱えている悩みや葛藤に迫った。

　以上のことを経験してから、私は「場」の意味を考え直した。李（2004）は

教師の実践知を研究する場合、場所で起きているかを詳しく知る必要があると指摘している。すなわち、出来事の起こっている場の「物理的描写が大事」である。しかし、Clandinin and Connelly（2000）は著書の中で必ずしもフィールドワークが必要であるとは言ってはいない。そのため、「場」、つまり、出来事の文脈についての理解は物理的描写でなければならないとは言えるだろう。本研究の「場」は「Dゼミ」である。物理的描写というより、「Dゼミ」の出来事はヤンさんと香ちゃんに影響をもたらしたと考えられる。私は香ちゃんとの相互交渉から得られたナラティブだけをデータにしたとき、分析上のずれがあった。「Dゼミ」の出来事、つまり、香ちゃんと他のメンバーとの相互交渉をデータとして収集した。私と香ちゃんの間に構築されたナラティブをそのような文脈に置いてみると、香ちゃんの実像が見えるようになった。したがって、「場」の意味は「物理的描写」に限らず、「場」における出来事を文脈として捉えることが大切だと考えられる。

（2）相互交渉

前述した通り、私は相互交渉ということに微妙な抵抗感を覚えていた。ヤンさんについての研究を行ったとき、私は一先ず、完全にふり返りを通して、彼女のことを理解しようとした。しかし、分析の結果をヤンさんに見せた後、数多くのことは事実に合わないと教えられた。また、ふり返りのデータを用いれば足りないと思ったため、ヤンさんにインタビューをし、それを通して、彼女のことを理解しようと思っていた。しかし、そのままヤンさんの語りを記述したため、分析が依然に足りなかった。ゼミに、「読んだら、ヤンさんと全然違う」というような声もあった。失敗を味わった私は非常に挫折感を味わった。一方、希先生の指摘により、自分の研究方法には問題があると気付かされた。問題はどこにあるのか。どう改善したらいいのか。疑問を解けるため、私はまたナラティブ的探究の先行文献に身を入れた。再び、ナラティブの定義に読んだ時、私はすっきりした感じがした。

ナラティブは「具体的な出来事や経験を順序だてて語る行為、及びその産物」を同時に現す言語行為の一種類であると、野口（2009）が指摘している。つまり、ナラティブという言葉は、行為としての「語り」とその産物としての「物語」の二重の意味を持っている。しかし、研究中、私は研究参加者との相互交

渉を回避し、そのまま、彼らのふり返りを用いたり、「語り」を記述したりして、分析した。つまり、私は冷静で、客観的な姿勢で、研究を行っており、ヤンさんと同じくDゼミという場にいるが、相互交渉を通して、観察、体験、語り直すのことをしなかったのである。しかし、ナラティブ的探究はあくまでも研究者と研究参加者の信頼関係に基づき、相互交渉により、ナラティブを一緒に構築するプロセスである。

　ここで、私はまた楓大学の真紀先生の指摘を思い出した。真紀先生は私の分析を読んで、以下のように話した。

　「研究を読んで、趙さんが最初から研究の結果が分かったような感じがしますよ。人を研究する時、神の視点ではなくて、その身になって考えたらどうでしょう」。

　以前、先行文献を読むことを通して、私はナラティブ的探究は従来の研究方法とは違っており、個体性、主観性という特徴を持っていることを頭に覚えている。が、従来の研究方法に影響をもたらしたため、研究をする時、客観的に冷静な視点に偏重していた。挫折を味わってから、私は自分のやり方をふり返り、どのような研究をしたいのかを考え直した。研究参加者のヤンさんの語りはまた私の中に響いた。「学生はロボットではない、複雑な気持ちを持っている人間だ。だから、愛ある教育をやりたい」。それでは、私も研究対象者のヤンさんも同じく複雑な気持ちを持ち、生き生きする人間に違いない。しかし、私は長時間に神様の目で彼らの文字や語りを分析した。このようなやり方はもちろん彼らの深いところまで触れないと考えられる。

　やり方の問題に気付いた私はフィールドの姿勢を調整して、積極的にヤンさん信頼関係を構築し、相互交渉により、ヤンさんのナラティブを生き直し、語り直しようとした。ヤンさんは自分の深いところから語ってくれた「止まらない電車」のストーリーを聞いた時、私は心を打たれた。その一瞬、彼女の辛みや悲しみは電波のように私に伝えた。ヤンさんが経験した辛みや悲しみは私も実感できた。彼女の語りに従い、自分の気持ちの浮き沈みを経験した。その時から、彼らの悩みが私の悩みになり、彼らが知りたいことが私の知りたいことになった。その後の探求を通して、彼らの戸惑が解けられ、そのプロセスを通して、私も変化や成長を遂げた。

6.2　本研究の示唆

　本研究では、ナラティブ的探究を援用し、「持続可能性日本語教育」受講生であるヤンさん、香ちゃん、私自身を含む三人の日本語教師を対象にして、三人の教師の成長の具体的なあり様を探究した。探求の過程は、言い換えれば、ヤンさん、香ちゃんと私三人の成長のプロセスであった。それぞれの問題がどのように築かれていったかが、通時的・横断的・場所的という三次元で捉え返されることによって、それまで見えていなかったつながりが可視化された。つながりが可視化されることで、そのつながり方の紡ぎ変えの可能性が提示され、問題解決の道が開かれていった。これからの教師研修への示唆として次の点が挙げられる。

6.2.1　教師研修に対する示唆

　従来の教師研修は教師の専門性の向上を研究の目標にしている。それは、教師の問題が教室内の問題に限定されていることにつながっている。本研究を通して、ヤンさんは仕事に全力を尽くし、結局仕事に全力を尽くせば、教師活動と人間活動のジレンマに陥ったことが分かった。他方、香ちゃんは自分が教師として、女としては失格だとコンプレックスを感じており、苦しんでいた。また、探求を通して、そのようなコンプレックスは彼女の「逃げる姿勢」や社会からの規定につながっていることが分かった。すなわち、二人が直面している教室内の問題は教室外の問題に付きまとっているのである。したがって、教師の問題を教室内の問題に限定されれば、教師の問題を解決しきれないわけである。これからの教師研修は教師活動と人間活動の統合、さらに、女性を研究対象とする場合、ジェンダーを視野に入れる必要がある。

6.2.2　高等教育の現場に対する示唆

　高等教育の現場、特に本研究の参加者が置かれている中国では、高度な学問の伝授は高等教育の主流である。それは、高度な学問を身につければ、教師の問題を解決でき、そして教師の成長ができるという考えを前提とするのである。しかし、中堅大学日本語教師が直面する問題は多様化しており、一般性を持っ

ている高度な学問の修得はあらゆる問題の解決に役に立つわけではない。本研究を通して、高度な学問の修得の代わりにゼミ生間の議論に終始する「Dゼミ」での議論に参加する中で中堅大学日本語教師は自分が直面していた問題を捉え返し、解決の道筋が見えたことを明らかにした。そして、高等教育の現場では、高度な学問の修得に加え、議論できる場を提供することが重要である。

6.2.3 研究方法に対する示唆

「三次元」は「ナラティブ的探求」の特徴として、大事に取り扱われている。三次元の意味に対して、李（2004b, 2006）は次のように説明している。

「置かれる場」（場）は、「経験」「ナラティブ」、そして「ナラティブ的探求」が起きている場所のことを指し、教師の実践知を研究する場合、ナラティブが起きている場所についての物理的描写が大事である。「時間的連続体」（連続性）は研究者と研究参加者の両方の経験やナラティブを過去、現在、未来という連続体において捉えることである。インターアクション（相互作用）は個人と社会の関係のあり方を指している。

現場で教師が直面している問題を社会、環境との相互作用の関係の中で捉えている。研究中、私は試行錯誤を経験しながら、自分の研究の特徴により、「三次元」の「場」と「相互作用」について、以下のような理解を辿った。

①「場」の意味は物理的描写に限らず、「場」における出来事を文脈として捉えることが大切だと考えられる。②「相互作用」に対して、出来事を解釈するとき、個人と社会両方の相互作用を強調とするより、複雑なつながりの中に理解することが大事だと考えられる。

6.3 本研究の限界とこれからの課題

前述したように、個々の教師に焦点化し、普遍的な問題が教師個々においてはどのように現れているかを見る質的研究は必要である。本研究は3名の中堅大学日本語教師を対象にして、個々の成長のあり様を示した。しかし、「Dゼミ」には他にも多くのメンバーがおり、彼らはこの二人とゼミ活動を共有してきた。他のメンバーとの相互作用は、ゼミでの振り返りをめぐってなされる議論を談

話分析の手法を使うことで明らかにできる。このような内的言語生態場で書かれた振り返りをめぐって交わされる外的言語生態場における相互作用の分析を合わせることで、今回の3名の中堅大学日本語教師たちの成長の軌跡はさらに詳細に明らかにできると考える。これは本研究の限界である。

　他方、この3名に加えて分析対象者を拡大することで、持続可能性日本語教育との接触を通した中堅大学日本語教師の成長のあり様に対する理解をさらに深めることができると考える。それから、現職の日本語教師としてヤンさんと香ちゃんの教育活動は継続していくことから、今後の彼女たちの教育活動の中で、どのようなストーリーが新たに展開していくかについてもさらなる探究が期待される。今後の課題としたい。

　従来型の教師研修は専門性の向上に注目され、内容面も教授法の改善を中心に置かれている。中堅大学日本語教師が直面している問題や課題に注目される研修は管見の限り少なかったのである。したがって、中堅大学日本語教師はそれぞれの問題や課題を持ち寄せて、議論をできる場を作ることが中堅大学教師の成長に意義があると考えられる。本研究はその場の作りを今後の課題としたい。また、実践から収集したナラティブをデータにして、個々の教師はどのような問題や課題に直面しているか、どう解決するかを課題として、研究を続けたい。

　研究中、私は試行錯誤を経験しながら、「三次元」の「場」と「相互作用」について、新たな理解を得た。しかし、三次元の「連続性」について、前進に迫らなかった。今後は、「ナラティブ的探求」の研究を継続したいので、「ナラティブ的探求」という方法論をさらに前進させることを今後の課題とする。

　本研究で研究対象とした中堅大学日本語教師は三人とも女性である。探求を通して、ワーク・ライフバランスという女性特有な問題に直面しており、そして、それは中堅女性大学日本語教師の問題の中心になり、彼女たちの成長に関わっていることが分かった。中堅女性大学日本語教師が直面にしているワーク・ライフバランスの問題は個人の問題だけでなく、社会文脈につながっていると考えられる。つまり、中堅女性大学日本語教師の成長はジェンダーの問題に関わると考える。本研究では、中堅女性大学日本語教師に焦点を当てて、研究しなかった。これは本研究の限界である。そして、今後、中堅女性大学日本語教師の成長に注目し、考察を進むことを今後の課題とする。

謝辞

　本研究を作成するにあたり、指導教師としての岡崎晔先生は私の研究のあゆみをいつも導いてくださいました。岡崎先生から論文のテーマ、課題、研究方法、用語の用い方などの内容からフォーマットに至るまで懇々なご指導ご指示を賜り、論文を完成することができました。心より感謝の意を申し上げます。

　また、貴重なご助言を賜りました野々口ちとせ先生、陳岩先生、林千賀先生に対しましても心より感謝申し上げます。

　同時に岡崎ゼミにご参加いただいた後藤美和子さん、斎藤等さんにもたくさんのご提言とご支援を頂き、本当にどうもありがとうございました。

　そして、大学時代の先生であり、私の考えをいつもじっくり聞き、元気づけてくださった宮偉先生に心より感謝の意を申し上げます。

　岡崎ゼミの仲間からは、常に刺激を受けました。困難に遭ったとき、仲間の皆様の支えと精神的な励ましがあったからこそ最後まで執筆を続けることができました。

　いつも温かく接してくださった人文科学研究科の先生方、事務室の皆さま、先輩たち、友人たち、私を支え、応援してくれた家族にも、ここに記して感謝したいです。

参考文献

[1] 池田広子 (2005)「教師トレーニング型実習プログラムに必要とされる視点は何か―教師の問題解決プロセスの事例から―」『共生時代を生きる日本語教育言語学博士上野田鶴子先生古希記念論文集―』凡人社、225 － 238 ページ。

[2] 池田広子・朱桂栄 (2017)『実践の振り返りによる日本語教師教育―成人学習の視点から』鳳書房、24-46 ページ。

[3] 王テイテイ (2019)「中国の大学における日本語専攻学習者の動機づけの研究―内容重視の翻訳授業を通して―」城西国際大学博士論文、1-9 ページ。

[4] 岡崎敏雄・岡崎眸 (1997)『日本語教育の実習―理論と実践』アルク、1-56 ページ。

[5] 岡崎敏雄 (2007)「持続可能性を追求する日本語教育―その基礎としての言語教育における生態学的アプローチ―」『筑波大学地域研究』28、筑波大学大学院地域研究研究科、67-76 ページ。

[6] 岡崎敏雄 (2008)「グローバル下の下で変動する世界における言語生態学の課題―持続可能性言語教育原論―」『筑波応用言語学研究』15、筑波大学大学院博士課程文芸・言語研究科応用言語学コース、 1 -14 ページ。

[7] 岡崎敏雄 (2009a)『言語生態学と言語教育―人間の存在を支えるものとしての言語』凡人社、1-85 ページ。

[8] 岡崎敏雄 (2009b)「持続可能性教育としての日本語教育の学習のデザイン―生態学的リテラシーの育成―」『文藝言語研究 言語篇』55、1-24 ページ。

[9] 岡崎敏雄 (2010)「持続可能性教育としての日本語教育の学習のデザイン―教室活動・シラバスデザイン・教師の役割―」『筑波大学地域研究』31、1-24 ページ。

[10] 岡崎眸 (2013)「持続可能性日本語教育：言語教育への生態学的アプローチ―学士課程教育における意義―」『日本言語文化研究会論集』9 号、1-17 ページ。

[11] 小林浩明 (2008)「教師教育と教師の成長」『北九州市立大学国際論集』第6号、47-58 ページ。

[12] 秦松梅 (2012)「中国人学習者は事前課題と日本語母語話者の参加を取り入れたグループワークによる内容重視の会話の授業をどう受け止めたか―中国の大学における日本語専攻クラスの場合―」『言語文化と日本語教育』44、20－30 ページ。

[13] 秦松梅 (2015)「日本語会話授業の問題点に対する捉え方：中国の大学における日本語専攻の学習者の場合」『日本語教育』161、15-30 ページ。

[14] 秦松梅 (2018)「中国の大学における内容重視の日本語会話授業の評価−卒業受講生に対する班化インタビューを通して―」『文明の科学』第15号、17－34 ページ。

[15] 末吉朋美 (2011)「教師による「語りの場」の意義―ある日本語教師とのナラティブ的要求を通して―」『阪大日本語研究』第23号、79-109 ページ。

[16] 末吉朋美 (2013a)「教師の悩みはどこから来るのか―日本語教師たちとのナラティヴ探究を通して―」『阪大日本語研究』25、75-104 ページ。

[17] 末吉朋美 (2013b)「日本語学校で働く教師たちとの「ナラティブ的探求」：教師の悩みからわかること」大阪大学博士論文、1-28 ページ。

[18] 鈴木・トンプソン（平野）美恵子・房賢嬉・張瑜珊・劉娜 (2012)「言語生態学に基づく日本語教師養成プログラムの構築とその可能性―運営メンバーによる内省の分析から―」『言語文化と日本語教育』43、11-20 ページ。

[19] 楚喬 (2020)『「対話的問題提起学習」による教師研修の実践研究―中国大連市の小・中・高校の日本語教師を対象にして―』城西国際大学博士論文、2-43 頁（未公刊）。

[20] 唐暁煜 (2019)「持続可能性日本語教育の研究―中国の大学日本語教育における中上級専門科目の可能性―」城西国際大学博士論文、1-32 ページ。

[21] 中井好男 (2015)「失敗の捉え直しから生じる日本語教師の成長の可能性―中堅日本語教師とのナラティブ・インクワイアリーを通して―」『待兼山論叢』、17-35 ページ。

[22] 二宮祐子 (2010)「教育実践へのナラティヴ・アプローチ：クランディニンらの「ナラティヴ探究」を手がかりとして」学校教育学研究論集22、37-52 ページ。

[23] 野口裕二 (2009)『ナラティヴ・アプローチ』勁草書房、1-13 ページ。

[24] パウロ・フレイレ，P (2018)『被抑圧者の教育学』三砂ちづる訳、亜紀書房、134-201 ページ。

[25] ブルーナー (1998)『可能世界の心理』田中一彦訳、みすず書房。

[26] 森岡正芳 (2020)「自己の物語」梶田叡一編『自己意識研究の現在』ナカニシヤ出版。

[27] 楊峻 (2009)『中国の大学の日本語専攻主幹科目へのグループワークの提案―言語生態の保全の観点から―』お茶の水女子大学博士学位論文。

[28] 楊峻 (2010)『大学の日本語授業におけるグループワークのデザイン―言語生態学を理論背景とした研究―』外文出版社。

[29] 横溝紳一郎 (2000)『日本語教師のためのアクション・リサーチ』日本語教育学会編凡人社、7-13 ページ。

[30] 横溝紳一郎 (2006)「教師の成長を支援すること―自己教育力とアクション・リサーチ」春原憲一郎・横溝紳一郎編『日本語教師の成長と自己研修―新たな教師研修ストラテジーの可能性をめざして―』凡人社、3-56 ページ。

[31] 李暁博 (2004a)「日本語教師の専門知についてのナラティブ的理解」『阪大日本語研究』16、83-113 ページ。

[32] 李暁博 (2004 ｂ)『留学生を対象とする日本語教育における教師の専門知：実践の中の教師の学び・変化・成長についてのナラティブ的探求』大阪大学博士論文、19-232 ページ。

[33] 李暁博 (2006)「ざわざわとした教室の背後の専門的意味―ナラティブ的探求から探る―」『阪大日本語研究』18、139-167 ページ。

[34] 李暁博 (2013)『日本語教師の「個人的実践知」についての一考察―ナラティブ・インクワイアリという手法を用いて―』日本語日本文学 (23)、55-70 ページ。

[35] 李暁博 (2017)「「対話」の視点からみる学生の自己変容―中国の日本語教育の実践例をもとに―」『日本語日本文学』55-72 ページ。

[36] 劉娜 (2011a)「中国の大学における持続可能性日本語作文教育の試み―学習者が考えを文章にしていくプロセスを中心に―」『人間文化創成科学論叢』14、お茶の水女子大学大学院人間文化創成科学研究科、167-176 ページ。

[37] 劉娜（2011b）「中国の大学における持続可能性日本語作文教育の可能性——学習者の意識から言語　実践を見る—」『言語文化と日本語教育』42 号、41-50 ページ。

[38] 劉娜（2012）「中国の大学における持続可能性日本語作文教育の試み——学習者が考えを文章にしていくプロセスを中心に—」『人間文化創成科学論叢』、第 14 号、167-176 ページ。

[39] ジョン・デューイ（2004）『経験と教育』市村尚久訳、講談社、35 ページ。

[40] 楚乔. 创设"自上而下"式教师培训模式的理论基础探究——基于语言生态学的视角 [J]. 四川：亚太教育，2019：30.

[41] 李晓博. 有心流动的课堂：教师专业知识的叙事探究 [M]. 北京：外语教学与研究出版社，2011：223-247.

[42] 杨雅琳. 日语教师身份认同构建的叙事研究 [D]. 北京：北京外国语大学博士文，2016：65-78.

[43] 冷丽敏. 2017 年中国日语教育研究综述 [J]. 北京：日语学习与研究，2018：50-64.

[44] 冷丽敏. 高校日语教师专业发展的现状与课题 [J]. 北京：日语学习与研究，2019：45-54.

[45] 修刚. 转型期的中国高校日语专业教育的几点思考 [J]. 北京：日语学习与研究，2011：1-6.

[46] D. 瑾. 克兰迪宁. 进行叙事研究 [M]. 徐泉，李易，译. 重庆：重庆出版社，2015：4-15.

[47] D. 简. 克兰迪宁，F. 迈克尔. 康纳利. 叙事探究：质的研究中的经验和故事 [M]. 张园，译. 北京：北京大学出版社，2008：1-68.

[48] CLANDININ D J, F M CONNELLY. Personal Experience Methods:Handbook of Qualitative Research[J]. Thousand Oaks ,1994.

[49] CLANDININ D J, F M CONNELLY. Narrative Inquiry:Experience and Story in Qualitative Research[M]. San Francisco: Jossey-Bass,2000.

[50] HAUGEN E. The ecology of language[M]. Stanford California,Stanford University press, 1972.